商务馆实用汉语短期系列教材
世界汉语教学学会　审订

# 汉语十日通

## Chinese in 10 Days

汉英版

**4. 冲刺篇**
Advanced Level

主　编　杨惠元
副主编　柳燕梅

商务印书馆
2010年·北京

主　　编　杨惠元
副主编　柳燕梅
编　者　蒋荣　陈军　翟艳
英文翻译　柳燕梅

# 前 言

　　《汉语十日通》是一套专为短期班零起点的外国学生设计编写的初级汉语综合教材。

　　全套教材共四册，每册10课，完成全书的教学任务需要160学时，大约8周。教师可以根据短期班学生的实际水平灵活选用。

　　编写这套教材的指导思想是：首先帮助学生输入语音、词汇、语法、汉字等语言要素，再通过课堂训练帮助学生把语言要素转化为听、说、读、写等四项语言技能，进而转化为语言交际技能。

　　**本教材按照课堂教学环节安排了以下项目：**

　　**热身练习**　　先听后说、先输入后输出、先理解后表达，这符合语言习得的规律，也是汉语教学致力遵循的原则。本部分的三个项目都是从听说入手的，是为学习生词和课文所做的铺垫和准备。

　　**情景会话**　　本部分按照话题排列，每课三到四段，为学生提供在不同场景下的交际模式，同时提供可供替换的图片或词语，便于学生模仿和表达自己的意思。这是本教材的核心部分，是学生学习的重点。

　　**叙　述**　　本部分是为训练学生进行成段表达准备的语言材料。其内容与前边某个情景会话既有联系又不雷同，能够引起学生的兴趣，便于引导他们讨论。

　　**课堂互动**　　通过看图说话、个人访问、小组讨论、社会调查等多种形式使学生进行语言交流和活动，让他们在语言活动中完成任务，学好汉语。

　　**生　词**　　按照课文中出现的顺序排列，便于学生查找和学习。

　　**汉语.com**　　主要内容是与本课话题有关的语言知识或文化常识，作为教学内容的有益补充，使课堂学习自然延伸。它们语言难度小，配有拼音或英文翻译，学生可借此扩大知识面，增强学习的兴趣。

　　每册第10课为复习课，安排了全书的语法点总结。

　　本教材吸取了汉语教学及外语教学的理论精华，融合了多年从事对外汉语教学一线教师的实践经验，具有以下特点：

　　**1. 以听入手，先听后说，突出听说，兼顾读写**

　　考虑到短期班学生来华学习的主要目的是提高听说能力，本教材把听说能力的训练放在教学的首位，但是，并未忽略读写的要求。实践证明，语言能力是一项综合性的能力系统，听说读写各项技能是相互融合、相互促进的。因此，即使是短期教材，也应体现出综合性的特点。

2. **图画、格式化的解释和训练方式**

本教材尽量采用图画、格式化的方式来直观、形象地展示语言点和句式，语法说明较少，启发引导学生自觉领会和自主学习。配套练习也多借助图画与图表来表示，便于学生理解。

3. **循环式话题和可替换的语言段落**

全书采用循环式的话题排列，由浅入深，反复出现。自然规范、可替换的语言段落，增强了本书在不同地区、不同教学单位的适用性。学生在熟记课文之后，可达到举一反三的效果。

4. **语法点作为暗线出现，不追求系统性**

根据短期班学生的特点和强化词语教学、淡化句法教学的原则，我们把语法点作为暗线分散在各课的情景会话和叙述中。虽不追求系统性，但彼此衔接有序，并重视重现。语法点的选择依据国家汉办编写的《汉语水平等级标准与语法等级大纲》和《汉语水平词汇与汉字等级大纲》。拼音和词性标注主要依据于商务印书馆《现代汉语词典》第5版，也参考了《汉语水平词汇与汉字等级大纲》。

5. **课本和练习册分立，适应不同周期、不同要求的学习**

本教材采用课本和练习册分立的形式。课本的内容包括生词、句式、课文、听说练习和语法知识等，重在听说能力训练；练习册的内容包括传统的字词、语法、听力和汉字练习，重在夯实语言基础。两者分立的好处是，教师和学生可以根据需要选择使用。要求重点提高听说能力，课本的内容就已足够；要求全面提高听说读写的能力，可以配套使用练习册。

由于能力所限，所有疏漏不当之处，祈望使用者指正，以便再版时加以修订。

编 者

2009年7月

# Preface

*Chinese in 10 Days* is a series of basic comprehensive Chinese textbooks designed for beginning students of Chinese as a second language in short-term classes. It consists of forty lessons in four volumes which can be covered in about 160 hours of classroom time, making it easy for the teacher to adapt to his/her students' particular level.

This set of textbooks was compiled with the following principles in mind: First, to provide students with rich input including language elements, such as phonetics, vocabulary, grammar, and Chinese characters; second, to help students transform these language elements into the four language skills of listening, speaking, reading and writing through class activities; and finally to help students internalize these elements and acquire communication skills.

For ease of use in the classroom, each lesson consists of the following parts:

**Warming-up**  Listening before speaking, input before output, and comprehension before expression. This is consistent with the known sequence of language acquisition, and therefore a principle which Chinese language instruction is committed to following. The three activities within this part of the lesson all begin with listening and speaking, and serve as preparatory steps that pave the way for students to learn the new words and text.

**Situational Dialogues**  This part includes three to four examples of situational dialogues arranged by topic. It provides students with a communication model set within different scenarios. Substitute pictures or words listed in a box facilitate students' imitation of the model and self-expression. The scenarios are the core of this textbook series, and are meant to be the focal point of the learning process.

**Narrative**  This part contains materials intended to train students to express themselves in paragraphs. Its content is related to the situational dialogues in the previous part, while not being identical, in order to keep student's interest and stimulate discussion.

**Class Activities**  This part helps students practice communication through a variety of activities, such as speaking based on pictures, interviews, group discussion, investigation and so on. These activities help students master the language through the completion of specific tasks.

**New Words**   Vocabulary is arranged in the same order in which it appears in the text. It is convenient for students to both study and look up words.

**Chinese.com**   The main content of this part is the language and cultural knowledge related to the topic of the lesson. This beneficial supplement to the teaching content is a natural extension of classroom learning. The language used here is not difficult and has both Pinyin and English translation so that it can expand a student's knowledge and enhance their interest in learning.

The tenth lesson of each volume is a review lesson. A grammar summary for the entire book is arranged.

This textbook has absorbed the essence of Chinese teaching and foreign language teaching theories, combined with the practical experience of teachers who have been engaged in teaching Chinese as a foreign language for many years. As such, it features the following elements:

**1. Start with listening, listen before speaking, emphasize listening and speaking, and give due consideration to reading and writing.**

Considering that the main purpose of the students who come to China for short-term study is to improve their listening and speaking ability, this textbook puts listening and speaking training in the first place of teaching. At the same time, we never ignore the request of reading and writing ability. Practice has proven that language ability is a comprehensive skill set system. The skills of listening, speaking, reading and writing are mutually integrated and reinforce one another. Therefore, we believe that even teaching material intended for short-term study of the language should reflect this integrated characteristic.

**2. Use pictures to provide context and special formattings to clearly illustrate explanations.**

This textbook uses many pictures and special formattings to clearly illustrate grammar points and patterns. Grammar explanation is kept to a minimum. These features encourage students to consciously make sense of the language and to study independently. The accompanying sets of exercises also use numerous pictures and charts to facilitate students' understanding.

# Preface

**3. Spiral arrangement of topics and substitutable paragraphs.**

This book adopts a spiraling arrangement of topics, going from shallow to deep, as the same topic repeatedly appears. The natural and standard sentences and paragraphs with appropriate length can be replaced frequently and more productive, which makes this textbook more applicable in different areas and different teaching units. Students may achieve extrapolative effect after memorizing them.

**4. Grammar points appear as an implicit clue, rather than seeking a systematic representation.**

According to the characteristic needs of students in short-term study programs and the principle of emphasizing vocabulary teaching while deemphasizing grammar teaching, we don't emphasize grammar points as they appear within the situational dialogues and narrative parts of each lesson. Although we do not attempt a systematic representation of grammar, the grammar points occur and recur in a sensible order. The included grammar points were selected according to *Chinese Proficiency Standards and Grammar Outline* and *Chinese Proficiency Level of Vocabulary and Characters*. We noted the part of speech and Pinyin according to the *Modern Chinese Dictionary* (5th Edition) published by the Commercial Press, and also consulted *Chinese Proficiency Level of Vocabulary and Characters*.

**5. Separation of the textbook and workbook to suit different periods of learning and different learning needs.**

The textbook and workbook are separate. The textbook includes new words, sentence patterns, written texts, listening and speaking exercises, and grammar points, focusing on training for listening and speaking skills. The workbook contains traditional exercises on vocabulary, grammar, listening and characters, focusing on reinforcing the language foundation. The benefit of separating the two books is that teacher and student can select material to meet their own needs. If the learning focus is to improve listening and speaking skills, the textbook should suffice. If the learning focus is to improve all four skills: listening, speaking, reading and writing, the addition of the workbook forms a complete set.

We look forward to your comments and suggestions for future revision of this textbook series.

Compiler

July, 2009

## 语法术语
### Grammar Terms

| 名词 | míngcí | noun | （名） |
| --- | --- | --- | --- |
| 动词 | dòngcí | verb | （动） |
| 形容词 | xíngróngcí | adjective | （形） |
| 代词 | dàicí | pronoun | （代） |
| 数词 | shùcí | numeral | （数） |
| 量词 | liàngcí | measure word | （量） |
| 副词 | fùcí | adverb | （副） |
| 连词 | liáncí | conjunction | （连） |
| 介词 | jiècí | preposition | （介） |
| 助词 | zhùcí | particle | （助） |
| 叹词 | tàncí | interjection | （叹） |
| | | | |
| 主语（主） | zhǔyǔ | Subject | （S） |
| 宾语（宾） | bīnyǔ | Object | （O） |

# 目 录 Contents

**Dì-31 Kè　Yǐhòu Wǒmen Jiù Shì Péngyou le**
**第31课　以后我们就是朋友了**
　　热身练习 Warming-up　　　(1)
　　情景会话 Situational Dialogues　(5)
　　叙述 Narrative　　　(7)
　　课堂互动 Class Activities　　(8)
　　生词 New Words　　　(8)
　　汉语.com Chinese.com　　(10)

**Dì-32 Kè　Zhè Dōu Shì Wǒmen de Zhāopaicài**
**第32课　这都是我们的招牌菜**
　　热身练习 Warming-up　　　(11)
　　情景会话 Situational Dialogues　(15)
　　叙述 Narrative　　　(17)
　　课堂互动 Class Activities　　(17)
　　生词 New Words　　　(18)
　　汉语.com Chinese.com　　(19)

**Dì-33 Kè　Wǒ de Bāo Lāliàn Huài le**
**第33课　我的包拉链坏了**
　　热身练习 Warming-up　　　(21)
　　情景会话 Situational Dialogues　(26)
　　叙述 Narrative　　　(27)
　　课堂互动 Class Activities　　(28)
　　生词 New Words　　　(28)
　　汉语.com Chinese.com　　(30)

**Dì-34 Kè　Wǒ Jǐnliàng Bāng Nǐ Xǐ**
**第34课　我尽量帮你洗**
　　热身练习 Warming-up　　　(31)
　　情景会话 Situational Dialogues　(36)
　　叙述 Narrative　　　(37)
　　课堂互动 Class Activities　　(38)
　　生词 New Words　　　(39)
　　汉语.com Chinese.com　　(40)

### Dì-35 Kè　Wǒ Mǎshàng Gēn Tā Liánxì
## 第35课　我马上跟他联系
- 热身练习 Warming-up　(42)
- 情景会话 Situational Dialogues　(46)
- 叙述 Narrative　(48)
- 课堂互动 Class Activities　(48)
- 生词 New Words　(49)
- 汉语.com Chinese.com　(50)

### Dì-36 Kè　Shūbāo Wàng Zài Fángjiān Li le
## 第36课　书包忘在房间里了
- 热身练习 Warming-up　(52)
- 情景会话 Situational Dialogues　(56)
- 叙述 Narrative　(58)
- 课堂互动 Class Activities　(59)
- 生词 New Words　(59)
- 汉语.com Chinese.com　(61)

### Dì-37 Kè　Wǒ Kànkan Zhè Kuǎn Shǒujī
## 第37课　我看看这款手机
- 热身练习 Warming-up　(62)
- 情景会话 Situational Dialogues　(66)
- 叙述 Narrative　(68)
- 课堂互动 Class Activities　(68)
- 生词 New Words　(69)
- 汉语.com Chinese.com　(70)

### Dì-38 Kè　Gěi Wǒ Jiǎn Gè Shíshàng Yidiǎnr de
## 第38课　给我剪个时尚一点儿的
- 热身练习 Warming-up　(72)
- 情景会话 Situational Dialogues　(76)
- 叙述 Narrative　(78)
- 课堂互动 Class Activities　(78)
- 生词 New Words　(79)
- 汉语.com Chinese.com　(80)

**Dì-39 Kè　Zhù Nǐ Shēngrì Kuàilè !**
**第39课　祝你 生日 快乐!**
　　热身练习 Warming-up　　(82)
　　情景会话 Situational Dialogues　　(86)
　　叙述 Narrative　　(88)
　　课堂互动 Class Activities　　(89)
　　生词 New Words　　(90)
　　汉语.com Chinese.com　　(92)

**Dì-40 Kè　Yǒuyì Dì Jiǔ Tiān Cháng**
**第40课　友谊 地久 天 长**
　　情景会话 Situational Dialogues　　(93)
　　叙述 Narrative　　(94)
　　生词 New Words　　(95)
　　语法小结 Grammar Summary　　(96)

**附1 Appendix 1**
　　词语索引 Vocabulary Index　　(102)

**附2 Appendix 2**
　　语法点索引 Grammar Index　　(108)

**附3 Appendix 3**
　　"听一听，选一选" 录音文本及答案 Scripts and Key Answers for Part "Listen and choose the right pictures"　　(110)

## 第31课 以后我们就是朋友了

Dì-31 Kè Yǐhòu Wǒmen Jiù Shì Péngyou le

### 热身练习 Warming-up

**听一听，选一选** Listen and choose the right pictures

1. A.    B.    C.    D.

2. A.    B.    C.    D.

3. A.    B.    C.   D.

4. A.    B.    C.    D.

5. A.  Yes   B.  NO    6. A.  Yes   B.  NO

7. A.  Yes   B.  NO    8. A.  Yes   B.  NO

1

## 听一听，说一说 Listen and speak

Wáng Měilì zhōngxué yí bìyè jiù qù Xīnjiāpō liúxué le, yǐhòu yìzhí
王 美丽 中学 一 毕业 就 去 新加坡 留学 了，以后 一直
zài nàr dú dàxué.
在 那儿 读 大学。

Jìrán yǐjīng rènshi le, yǐhòu wǒmen jiù shì péngyou le.
既然 已经 认识 了，以后 我们 就 是 朋友 了。

## 看一看，练一练 Read and practice

1. 一…就… yī... jiù...

   Wǒ zhōngxué yí bìyè jiù qù nàr liúxué le.
   我 中学 一毕业 就 去 那儿 留学 了。
   Tāmen yí jiànmiàn jiù liáo de hěn gāoxìng.
   他们 一 见面 就 聊 得 很 高兴。
   Lǎoshī yì shuōwán, dàjiā jiù míngbai le.
   老师 一 说完， 大家 就 明白 了。

## 第31课 以后我们就是朋友了

根据所给的词语说句子 Make a sentence with the given words or phrases

例 For example

  dào Běijīng  rènshi Wáng Měilì
  到 北京  认识 王 美丽

  Zhāng Jiāchéng yí dào Běijīng jiù rènshile Wáng Měilì.
  张 家诚 一到 北京 就 认识了 王 美丽。

   huí sùshè   zuò zuòyè
（1）回 宿舍  做 作业

   bìyè    gōngzuò
（2）毕业    工作

   dào zhōumò  qù chāoshì
（3）到 周末  去 超市

   hē jiǔ    liǎn hóng
（4）喝酒    脸 红

2. 既然…就… jìrán...jiù...

Jìrán yǐjīng rènshi le, yǐhòu wǒmen jiù shì péngyou le.
既然 已经 认识 了，以后 我们 就 是 朋友 了。
Jìrán jīntiān méiyǒu shíjiān, zánmen jiù míngtiān qù ba.
既然 今天 没有 时间，咱们 就 明天 去吧。
Jìrán yǐjīng lái le, jiù duō zhù jǐ tiān.
既然 已经 来 了，就 多 住 几天。

完成句子 Complete the following sentences

    Jìrán xià yǔ le,
 （1）既然 下雨 了，_____。

（2）既然你身体不舒服，_____。

Jìrán nǐ shēntǐ bù shūfu,

wǒmen jiù zuò fēijī qù ba.
（3）_____，我们就坐飞机去吧。

wǒmen jiù xià cì zài qù ba.
（4）_____，我们就下次再去吧。

## 3. 一直 yìzhí

Lái Zhōngguó yǐqián, Wáng Měilì yìzhí zài Xīnjiāpō dúshū.
来中国以前，王美丽一直在新加坡读书。

Dàxué bìyè yǐhòu, wǒ yìzhí zài Běijīng gōngzuò.
大学毕业以后，我一直在北京工作。

Wǒmen yìzhí wánr dào wǎnshang shí diǎn.
我们一直玩儿到晚上十点。

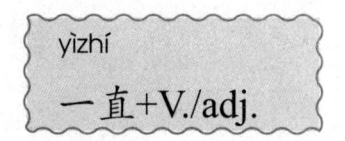

> yìzhí
> 一直+V./adj.

## 4. 动作的进行 An action in progress

Tāmen zhèngzài liáotiānr ne.
他们正在聊天儿呢。

Jīn Héyǒng zhèngzài gōngsī gōngzuò ne.
金和永正在公司工作呢。

> zhèngzài ne
> 正在…呢

"正在…呢"也可以用以下方式表达：This pattern has three options as below:

Wǒ zuò zuòyè ne.
我做作业呢。

Tāmen zài liáotiānr ne.
他们在聊天儿呢。

Wǒmen shàngkè de shíhou, Jīn Héyǒng zhèng gōngzuò ne.
我们上课的时候，金和永正工作呢。

# 第31课 以后我们就是朋友了

**看图说话** Look and speak

（1）　（2）

（3） 　（4）

## ● 情景会话 Situational Dialogues

课间，在走廊里。Break time, in the corridor.

美子： 美丽，我给你介绍一下，这是我们班新来的
Měizǐ： Měilì, wǒ gěi nǐ jièshào yí xià, zhè shì wǒmen bān xīn lái de
同学，叫张家诚。
tóngxué, jiào Zhāng Jiāchéng.

王美丽：你好。我叫王美丽，认识你很高兴。
Wáng Měilì： Nǐ hǎo. Wǒ jiào Wáng Měilì, rènshi nǐ hěn gāoxìng.

张家诚：我也很高兴。刚听美子提起你，没想到就
Zhāng Jiāchéng： Wǒ yě hěn gāoxìng. Gāng tīng Měizǐ tíqǐ nǐ, méi xiǎngdào jiù
见面了。
jiànmiàn le.

Wáng Měilì: Nǐ yě shì huáyì ba?
王美丽：你也是华裔吧？

Zhāng Jiāchéng: Shì a. Wǒ jiā zài Xīnjiāpō, xiànzài zài yì jiā guójì màoyì gōngsī gōngzuò.
张家诚：是啊。我家在新加坡，现在在一家国际贸易公司工作。

Wáng Měilì: Tài qiǎo le. Wǒ yě shì cóng Xīnjiāpō lái de. Wǒ zhōngxué yí bìyè jiù qù nàr dú dàxué le.
王美丽：太巧了。我也是从新加坡来的。我中学一毕业就去那儿读大学了。

Zhāng Jiāchéng: Nà nǐ zěnme lái Běijīng le?
张家诚：那你怎么来北京了？

Wáng Měilì: Wǒ duì Zhōngguó wénhuà hěn yǒu xìngqù, dàxué yí bìyè jiù lái zhèr xué Hànyǔ le. Nǐ shì gōngsī pàilai de ba?
王美丽：我对中国文化很有兴趣，大学一毕业就来这儿学汉语了。你是公司派来的吧？

Zhāng Jiāchéng: Duì, gōngsī gěile wǒ sān gè yuè de shíjiān, yìbiān xuéxí Hànyǔ, yìbiān kǎochá Zhōngguó shìchǎng.
张家诚：对，公司给了我三个月的时间，一边学习汉语，一边考察中国市场。

Měizǐ: Nǐmen liǎ tǐng yǒu yuánfèn a. Nǎ tiān yǒu kòngr, dàjiā yìqǐ chī gè fàn ba.
美子：你们俩挺有缘分啊。哪天有空儿，大家一起吃个饭吧。

Zhāng Jiāchéng: Hǎo, wǒ zuòdōng. Jìrán yǐjīng rènshi le, yǐhòu wǒmen jiù shì péngyou le.
张家诚：好，我做东。既然已经认识了，以后我们就是朋友了。

# 第31课 以后我们就是朋友了

## 叙述 Narrative

1. 王美丽作自我介绍。Meilian introduces herself.

大家好！我自我介绍一下。我叫王美丽，是从印尼来的。名字是爷爷起的，大概是希望我这个唯一的孙女越长越漂亮吧。我中学毕业以后一直在新加坡留学，专业是幼儿教育。现在我在中国学习汉语，以后想办一个孩子们最喜欢的幼儿园，我教他们中国文化。我的介绍完了。

2. 公司经理为大家介绍金和永。The manager of the company introduces Kim HwaYoung to everyone.

我给大家介绍一下，这位是金和永先生，是总公司派来的，现在正在一所大学学习汉语。以后金先生每天上午上课，下午来公司上班。他工作方面有什么问题，还请大家多帮助。

## 课堂互动 Class Activities

1. 角色扮演：谁更合适？学生会要招聘一名干事，请你按照简历上的内容进行汇报，然后说明自己的意见。

   Role-play: Who is more suitable? The Student Union is going to recruit a committee member. Please introduce yourself based on the following resume, and state your own views.

| 姓名 | 李强 | 性别 | 男 |
|---|---|---|---|
| 年龄 | 22 | 年级 | 大三 |
| 专业 | 英语 | | |
| 爱好 | 运动、电脑 | | |
| 性格 | 热情，喜欢社团活动 | | |
| 上课时间 | 每天上午 | | |
| 住址 | 学生宿舍 9 号楼 316 | | |
| 电话 | 8259.6688 | | |

| 姓名 | 安娜 | 性别 | 女 |
|---|---|---|---|
| 年龄 | 25 | 年级 | A 班 |
| 专业 | 经济 | | |
| 爱好 | 唱歌、旅游 | | |
| 性格 | 有主意，爱帮助人 | | |
| 上课时间 | 上午 8 点—12 点 | | |
| 住址 | 留学生宿舍 5 号楼 123 | | |
| 电话 | 1314.321.7988 | | |

2. 角色扮演：我是新来的。快餐店里新来了一个打工学生，他给大家作自我介绍。

   介绍要点：姓名、学校、专业、年级、爱好、以前做过什么校外工作、打工的原因等。

   Role-play: I am new here. There is a student working as a part-timer in the fast-food restaurant. He introduces himself to everyone.

   Introduction including: name, school, major, grade, hobby, work experience, the reason for doing a part-time job, etc.

## 生词 New Words

| 1. | 国际 | guójì | （名） | international |
| 2. | 贸易 | màoyì | （名） | trade |
| 3. | 考察 | kǎochá | （动） | inspect; investigate on the spot |
| 4. | 市场 | shìchǎng | （名） | market |
| 5. | 中学 | zhōngxué | （名） | middle school |

## 第31课 以后我们就是朋友了

| 6.  | 一…就… | yī…jiù… |      | as early as |
| --- | --- | --- | --- | --- |
| 7.  | 留学 | liúxué | （动） | study abroad |
| 8.  | 读 | dú | （动） | attend (school); read |
| 9.  | 缘（分） | yuán(fèn) | （名） | fate or chance that brings people together |
| 10. | 见面 | jiànmiàn | （动） | meet; see |
| 11. | 大家 | dàjiā | （代） | everybody |
| 12. | 做东 | zuòdōng | （动） | host (a party, etc.) |
| 13. | 既然 | jìrán | （连） | since; as; now that |
| 14. | 提 | tí | （动） | mention; carry in one's hand |
| 15. | 华裔 | huáyì | （名） | Chinese descent; foreign citizen of Chinese origin |
| 16. | 巧 | qiǎo | （副） | coincidentally |
| 17. | 派 | pài | （动） | send; assign |
| 18. | 自我 | zìwǒ | （代） | self; oneself |
| 19. | 起 | qǐ | （动） | give (a name) |
| 20. | 唯一 | wéiyī | （形） | only |
| 21. | 孙女 | sūnnǚ | （名） | son's daughter |
| 22. | 越…越… | yuè…yuè… |      | the more…the more… |
| 23. | 幼儿 | yòu'ér | （名） | child; infant |
| 24. | 教育 | jiàoyù | （名） | education |
| 25. | 办 | bàn | （动） | do, handle, manage; set up |
| 26. | 孩子 | háizi | （名） | child |
| 27. | 幼儿园 | yòu'éryuán | （名） | preschool; kindergarten |
| 28. | 总 | zǒng | （形） | general |
| 29. | 正在 | zhèngzài | （副） | in the process of |
| 30. | 上班 | shàngbān | （动） | go to work; be on duty |
| 31. | 帮助 | bāngzhù | （动） | help; aid |

## 专有名词 Proper Nouns

| 1. | 张家诚 | Zhāng Jiāchéng | A Singaporean student |
| --- | --- | --- | --- |
| 2. | 新加坡 | Xīnjiāpō | Singapore |

## 汉语.com Chinese.com

### Yǒu Péng Zì Yuǎnfāng Lái, Bú Yì Lè Hū?
### 有朋自远方来，不亦乐乎?

这句话的意思是"有志同道合的人从远方来，不是很快乐（的事）吗？"出自孔子的《论语》。孔子（前551—前479），名丘，字仲尼，春秋末期思想家、政治家、教育家，儒家学派的创始人。孔子一生的主要言行，经其弟子和再传弟子整理编成《论语》一书，成为后世儒家学派的经典。

**Is It Not a Delight to Have Friends Come from a Far?**

This sentence means "Welcome my friends". It comes from ***Analects of Confucius***. Confucius(551 BC – 479 BC), whose actual first name was Qiu and courtesy name was Zhongni, was a Chinese thinker, politician, educator and creator of Confucianism. His main words and deeds of the whole life were compiled into the ***Analects*** by his students and students of students, which became a classic work of Confucian school.

Dì-32 Kè  Zhè Dōu Shì Wǒmen de Zhāopaicài

# 第32课 这都是我们的招牌菜

## 热身练习 Warming-up

**听一听，选一选 Listen and choose the right pictures**

1. A.    B.    C.    D.

2. A.    B.    C.    D.

3. A.    B.    C.    D.

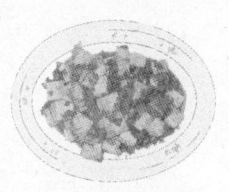

4. A.    B.    C.    D.

5. A.  Yes   B.  NO   6. A.  Yes   B.  NO

7. A.  Yes   B.  NO    8. A.  Yes   B.  NO

## 听一听，说一说 Listen and speak

Lǎoyābāo liàng bǐjiào dà, Wáng Měilì pà chī bu liǎo.
老鸭煲 量 比较 大，王 美丽怕 吃不了。

Suīrán liàng bǐjiào dà, dànshì tāmen rén duō, chī de liǎo.
虽然 量 比较 大，但是 他们 人 多，吃 得 了。

Nàr de cài hěn hǎochī, tèbié shì Dōngpōròu, zuì shòu dàjiā huānyíng.
那儿的 菜 很 好吃，特别 是 东坡肉，最 受 大家 欢迎。

## 看一看，练一练 Read and practice

1. V.+得了/不了 V.+de liǎo/bu liǎo

"V.+得了/不了"可以表示"能够；不能"的意思。例如："V.+de liǎo/bu liǎo" can indicate "be able to; be not able to". For example:

# 第32课  这都是我们的招牌菜

| V.+得了/不了 |
| V.+得了吗? |
| V.得了+V.不了? |

Xià yǔ le, wǒmen qù bu liǎo le.
下雨了,我们 去不了了。

Yì bǎi kuài qián mǎi bu liǎo zhè shuāng xié, zhè xié shì
一百块钱 买不了这 双 鞋,这鞋是
Yìdàlì de.
意大利的。

Dōngxi bù duō, wǒ ná de liǎo.
东西 不多,我 拿得了。

其中的"了",也可以表示"完了"。例如:The "le" in the pattern can also indicate "to finish". For example:

Cài tài duō le, wǒmen chī bu liǎo.
菜 太多了,我们 吃不了。

Zhème duō píjiǔ, nǐ yí gè rén hē de liǎo ma?
这么 多 啤酒,你 一个人喝 得了 吗?

Zhèxiē gōngzuò yòng bu liǎo liǎng gè xiǎoshí jiù néng zuòwán.
这些 工作 用不了 两个 小时 就 能 做完。

看图说话 Look and speak

(1) A: Míngtiān wǒmen yào qù yóulǎn
明天 我们 要 去 游览
Chángchéng, nǐ néng qù ma?
长城, 你 能 去 吗?

B: _____。

(2) A: _____?

B: Méi wèntí, wǒ jiàole yí liàng
没 问题,我 叫了 一辆
chūzūchē.
出租车。

      Yào wǒ bāng nǐ yìqǐ gàn ma?     Wǒmen mǎi sì píng niúnǎi ba?
（3）A：要我帮你一起干吗？ （4）A：我们 买 四瓶 牛奶 吧？
   B：_____。   B：_____。

## 2. 虽然…但是/可是… suīrán...dànshì/kěshì...

  Suīrán cài liàng yǒudiǎnr dà, dànshì nǐmen rén duō, méi wèntí.
  虽然 菜量 有点儿大，但是 你们 人多，没 问题。
  Suīrán xiàle yì tiān yǔ, dànshì háishi hěn rè.
  虽然 下了一天 雨，但是 还是 很 热。
  Suīrán lù bǐjiào yuǎn, dànshì jiāotōng hěn fāngbiàn.
  虽然 路比较 远，但是 交通 很 方便。

**完成句子** Complete the following sentences

   Suīrán měizǐ méi qùguo Qīngdǎo, dànshì
（1）虽然 美子 没 去过 青岛，但是_____。
   Suīrán zuò fēijī yòu kuài yòu fāngbiàn, dànshì
（2）虽然 坐飞机又 快 又 方便，但是_____。
   Suīrán     dànshì shēntǐ hěn hǎo.
（3）虽然_____，但是 身体 很 好。
   Suīrán     dànshì měitiān dōu hěn gāoxìng.
（4）虽然_____，但是 每天 都 很 高兴。

# 第32课　这都是我们的招牌菜

3. **特别是…** tèbié shì...

Nàge fàndiàn de cài hěn hǎochī, tèbié shì Dōngpōròu zuì shòu dàjiā huānyíng.
那个 饭店 的菜 很 好吃，特别是 东坡肉 最 受 大家 欢迎。

Wǒmen bān de tóngxué dōu hěn nǔlì,　　　　　　　tèbié shì Níkě.
我们 班 的同学 都 很 努力（make great efforts），特别是尼可。

Zhèr de xiàtiān hěn rè, tèbié shì qī、bā yuè, qìwēn zuì gāo.
这儿的 夏天 很 热，特别是七、八 月，气温 最 高。

## ● 情景会话 Situational Dialogues

1. 美子打电话。Miko is making a phone call.

Měizǐ: Wèi, nǐ hǎo. Wǒ yào yùdìng yí gè bāojiān, èrshíwǔ hào wǎnshang
美子：喂，你好。我 要 预订 一个 包间，二十五号 晚上
liù diǎn, bā gè rén.
六 点，八个 人。

Fúwùyuán: Nín guìxìng?
服务员：您 贵姓？

Měizǐ: Wǒ xìng Jiǔjǐng. Chángjiǔ de jiǔ, Wángfǔjǐng de jǐng.
美子：我 姓 久井。长久 的久，王府井 的井。

Fúwùyuán: Qǐng liú yí xià diànhuà.
服务员：请 留 一下 电话。

Měizǐ: Yāo sān wǔ wǔ, yāo èr sān, yāo jiǔ yāo bā.
美子：1　3　5　5，1　2　3，1　9　1　8。

Fúwùyuán: Hǎo de. Jiǔjǐng xiǎojie, èrshíwǔ rì wǎn liù diǎn. Yǒu biànhuà qǐng
服务员：好 的。久井 小姐，二十五日晚 六点。有 变化 请
jíshí tōngzhī wǒmen.
及时 通知 我们。

2. 在饭店，大家点菜。In a restaurant, they are ordering food.

美子： Fúwùyuán, qǐng bǎ càidān nálai.
美子： 服务员，请 把菜单 拿来。

服务员： Hǎo de. Nǎ wèi diǎn cài?
服务员： 好 的。哪 位 点 菜？

美子： Nǐmen zhèr yǒu shénme zhāopaicài, gěi wǒmen tuījiàn yí xià.
美子： 你们 这儿有 什么 招牌菜，给 我们 推荐 一下。

服务员： Wǒ jiànyì nín chángchang Dōngpōròu hé Lǎoyābāo, zhè dōu shì wǒmen de zhāopaicài.
服务员： 我 建议 您 尝尝 东坡肉 和 老鸭煲，这 都 是 我们 的 招牌菜。

王美丽： Dōngpōròu huì bu huì tài yóunì? Wǒ zhèngzài jiǎnféi ne.
王 美丽： 东坡肉 会不会太 油腻？我 正在 减肥呢。

服务员： Wǒmen zuò de Dōngpōròu féi ér bú nì, duì měiróng yě yǒu hǎochu.
服务员： 我们 做 的 东坡肉 肥而不腻，对 美容 也有 好处。

张家诚： Lǎoyābāo yǒu duō dà? Wǒmen jǐ gè rén chī de liǎo ma?
张 家诚： 老鸭煲 有 多 大？我们 几 个 人 吃得了 吗？

服务员： Suīrán liàng yǒudiǎnr dà, dànshì nǐmen rén duō, méi wèntí.
服务员： 虽然 量 有点儿 大，但是 你们 人 多，没 问题。

美子： Hǎo ba. Xiān xiěshang zhè liǎng gè, biéde wǒmen zài kànkan.
美子： 好 吧。先 写上 这 两个，别的 我们 再看看。

# 第32课 这都是我们的招牌菜

## ● 叙述 Narrative

Hángzhōucài shǔyú Zhèjiāngcài, shì Zhōngguó de bā dà càixì zhī yī.
杭州菜 属于 浙江菜，是 中国 的八大 菜系 之一。
Hángzhōucài de tèdiǎn shì wèidào qīngdàn、yǒudiǎnr tián. Měizǐ tāmen
杭州菜 的 特点是 味道 清淡、 有点儿 甜。美子 他们
zuótiān qùle yì jiā hěn yǒumíng de Hángzhōu fàndiàn, pǐnchángle dìdao de
昨天 去了一 家 很 有名 的 杭州 饭店， 品尝了 地道 的
Hángzhōucài, dàjiā chī de hěn mǎnyì, tèbié shì nàr de Dōngpōròu hé Xīhú-
杭州菜， 大家吃得很 满意，特别 是那儿的 东坡肉 和 西湖
cùyú, zuì shòu dàjiā huānyíng.
醋鱼， 最 受 大家 欢迎。

## ● 课堂互动 Class Activities

1. 角色扮演：我给你推荐一个饭馆。你的朋友要请客，请你给他/她推荐一个饭馆，说明那个饭馆在哪儿、什么口味、环境怎么样、服务怎么样、价钱贵不贵、招牌菜是什么等。

    Role-play: I recommend a restaurant to you. Your friend is going to treat, please recommend him/her a restaurant. Explain where, what flavor, environment, service, price, chief signature, and so on.

2. 小组交流：一日三餐。介绍你们国家普通人的一日三餐，早饭、午饭和晚饭一般吃什么，在哪儿吃，哪一顿最重要，跟中国有什么不同等。

    Group work: Three meals a day. Introduce the average people's three meals a day in your country, including what they have and where they have their breakfast, lunch and dinner, which meal is the most important and what are the differences between your country and China, and so on.

## 生词 New Words

| | | | | |
|---|---|---|---|---|
| 1. | 招牌 | zhāopai | （名） | signature |
| 2. | 情况 | qíngkuàng | （名） | situation; condition |
| 3. | 熟悉 | shúxī | （动） | know sth. or sb. well |
| 4. | 预订 | yùdìng | （动） | reserve; book |
| 5. | 饭店 | fàndiàn | （名） | restaurant; (large) hotel |
| 6. | 包间 | bāojiān | （名） | private room (in the restaurant, karaoke hall…) |
| 7. | 推荐 | tuījiàn | （动） | recommend |
| 8. | 减肥 | jiǎnféi | （动） | lose weight |
| 9. | 怕 | pà | （动） | fear; I'm afraid |
| 10. | （油）腻 | (yóu)nì | （形） | greasy |
| 11. | 肥 | féi | （形） | fat |
| 12. | 而 | ér | （连） | but; and; as well as |
| 13. | 美容 | měiróng | （动） | beautify the face; improve a person's looks |
| 14. | 好处 | hǎochu | （名） | benefit; advantage |
| 15. | 里面 | lǐmian | （名） | inside |
| 16. | 量 | liàng | （名） | quantity |
| 17. | 虽然…但是… | suīrán…dànshì… | （连） | although / but; however |
| 18. | 品尝 | pǐncháng | （动） | taste |
| 19. | 满意 | mǎnyì | （动） | satisfied |
| 20. | 受 | shòu | （动） | receive |
| 21. | （长）久 | (cháng)jiǔ | （形） | for a long time |
| 22. | 留 | liú | （动） | leave |
| 23. | 变化 | biànhuà | （名） | change |
| 24. | 及时 | jíshí | （副） | in time |
| 25. | 通知 | tōngzhī | （动） | notify; inform |
| 26. | 属于 | shǔyú | （动） | belong to |
| 27. | 菜系 | càixì | （名） | regional cuisine; traditional food style |
| 28. | 之一 | zhī yī | | one of |
| 29. | 清淡 | qīngdàn | （形） | (of food) light, not greasy or rich |

# 第32课　这都是我们的招牌菜

## 专有名词 Proper Nouns

1. 东坡肉　　　　Dōngpōròu　　　Dongpo Pork
2. 老鸭煲　　　　Lǎoyābāo　　　 Duck Soup
3. 王府井　　　　Wángfǔjǐng　　 a shopping street in Beijing
4. 浙江　　　　　Zhèjiāng　　　 Zhejiang (province)
5. 西湖醋鱼　　　Xīhúcùyú　　　 West Lake Fish in vinegar

## 汉语.com Chinese.com

### Càimíng de Láilì
### 菜名 的 来历

　　Zhōngguócài bùjǐn sè、xiāng、wèi jù quán, érqiě qǔ míng yě hěn jiǎngjiu,
中国菜 不仅色、香、味俱全，而且取名也很讲究，
hěn duō míng cài de míngzi dōu yǒu zìjǐ de láilì. Yí dào hǎochī de cài, zài
很多名菜的名字都有自己的来历。一道好吃的菜，再
pèishang yí gè měilì de míngzi, bǎozhǔn ràng nǐ wèikǒu dà kāi.
配上一个美丽的名字，保准让你胃口大开。
　　Zhōngguócài qǔ míng de fāngfǎ hěn duō, yǒude yǐ rénmíng mìngmíng, bǐrú
中国菜 取名的方法很多，有的以人名命名，比如
"Mápódòufu、Gōngbǎojīdīng、Dōngpōròu" děng；Yǒude yǐ dìmíng mìngmíng,
"麻婆豆腐、宫保鸡丁、东坡肉" 等；有的以地名命名，
rú "Běijīngkǎoyā、Xīhúcùyú"；Hái yǒude yǐ cài de zuòfǎ mìngmíng, rú
如 "北京烤鸭、西湖醋鱼"；还有的以菜的做法命名，如
"Hóngshāolǐyú、Báizhuó lóngxiā" děng；Yǒude yǐ cài de wàixíng qǔ míng, rú
"红烧鲤鱼、白灼龙虾" 等；有的以菜的外形取名，如
"Sōngshǔ guìyú、Shīzitóu" děng；Yǒude yǐ wèidào qǔ míng, rú "Málà jīsī、
"松鼠鳜鱼、狮子头" 等；有的以味道取名，如 "麻辣鸡丝、
Yúxiāngròusī" děng. Hái yǒude càimíng shì cóng Zhōngguó gǔdài de shīgē、
鱼香肉丝" 等。还有的菜名是从中国古代的诗歌、
chéngyǔ zhōng lái de, rú "Bǎiniǎocháofèng、Kǒngquèkāipíng" děng.
成语中来的，如 "百鸟朝凤、孔雀开屏" 等。

## The Origins of the Names of Chinese Dishes

Chinese dishes are not only full of color, aroma and flavor, but also along with exquisite names. Many names of Chinese dishes have their own origins. A tasty dish with a beautiful name will definitely make you have a good appetite.

Chinese dishes were named with many ways, some were named by person's names, such as "Mapo Tofu, Kung Pao Chicken, Dongpo Pork"; some were named by the places, such as "Peking Roast Duck, West Lake Fish in vinegar"; some were named for the cooking methods, such as "Braised Carp, Boiling Lobster"; some were named for their shapes, such as "Squirrel Mandarin Fish, Meat Ball"; some were named for flavors, such as "Shredded Chicken in Chili Sauce, Sautéed Shredded Pork with Spicy Garlic Sauce". And some were named after Chinese ancient poems and idioms, such as "Hundred Birds toward the Phoenix, Peacock Spreading the Tail", and so on.

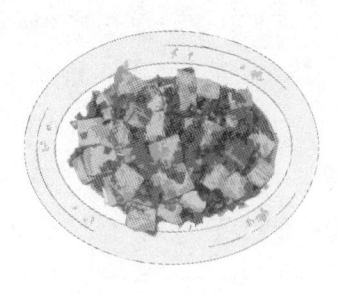

## 第 33 课　我的包拉链坏了

Dì-33　Kè　Wǒ de Bāo Lālián Huài le

### 热身练习 Warming-up

**听一听，选一选 Listen and choose the right pictures**

1. A. 　B. 　C. 　D.

2. A. 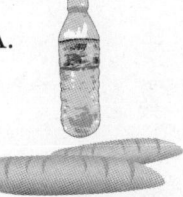　B. 　C. 　D.

3. A. 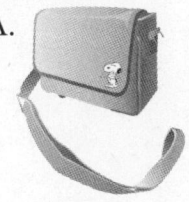　B. 　C. 　D.

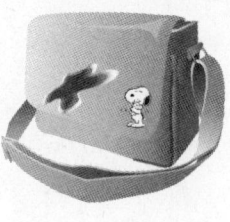

4. A. 　B. 　C. 　D.

5. A. 　B. 　　6. A. 　B.

21

7. A.  Yes    B.  NO        8. A.  Yes    B.  NO

## 听一听，说一说 Listen and speak

Huàile jiù huàile ba, mǎi ge xīn de bú jiù xíngle ma?
坏了就坏了吧，买个新的不就行了吗？

Nàge shūbāo duì Ānnà fēicháng zhòngyào, tā zěnme néng bú yào le ne?
那个书包对安娜非常重要，她怎么能不要了呢？

## 看一看，练一练 Read and practice

1. 不是…吗？ búshì...ma?

Zuótiān zánmen bú shì yìqǐ qù chī fàn le ma?
昨天咱们不是一起去吃饭了吗？

# 第33课  我的包拉链坏了

Zhège cí wǒmen bú shì xuéguo ma? Nǐ zěnme wàng le?
这个 词 我们 不是 学过 吗？你 怎么 忘 了？

Nǐ bú shì qù Shànghǎi le ma? Zěnme méi zǒu?
你 不是 去 上海 了 吗？ 怎么 没 走？

**看图说话 Look and speak**

（1）_____? 怎么 还在 zhèr shàngkè? Kuài diǎn huíqù ba.
这儿 上课？ 快 点 回去 吧。
Zěnme hái zài

（2）_____? 怎么 还在 zhèr gōngzuò? Kuài huí jiā ba.
这儿 工作？ 快 回家 吧。  
Zěnme hái zài

（3）_____? 怎么 忘 了？
Zěnme wàng le?

（4）_____? 怎么 忘 了？
Zěnme wàng le?

**2. …就…吧** …jiù…ba

Huàile jiù huàile ba. Mǎi gè xīn de ba.
坏了 就 坏了 吧。买 个 新 的 吧。

Diūle jiù diūle ba. Jiù de bú qù, xīn de bù lái.
丢了就丢了吧。旧的不去，新的不来。

Guì diǎnr jiù guì diǎnr ba. Jiù zài zhèr mǎi ba, bú yòng guàng le.
贵 点儿 就 贵点儿 吧。就在这儿 买吧，不用 逛 了。

完成对话 Complete the following dialogues

例 For example

A：Zāogāo, wǒ de bāo lāliàn huài le.
糟糕， 我 的 包 拉链 坏 了。

B：Huàile jiù huàile ba. Mǎi gè xīn de bú jiù xíng le?
坏了 就坏了吧。买 个 新 的 不 就 行 了？

(1) A：Wǒ de dìtú ne? Shì bu shì diū le?
我的 地图呢？ 是不是 丢了？

B：_____。

(2) A：Aiya, wǒ wàngle dài xiàngjī.
哎呀，我 忘了 带 相机（camera）。

B：_____。

(3) A：Dǎchē děi jǐshí kuài qián ne.
打车 得 几十 块 钱 呢。

B：_____。

(4) A：Māma, yīfu tài dà le.
妈妈，衣服 太大了。

B：_____。

## 第33课  我的包拉链坏了

**3. 怪不得…，原来…** guàibude..., yuánlái...

"怪不得"和"原来"可以单独使用，也可以同时使用。例如："guàibude" and "yuánlái" can be used separately or in combination. For example:

Shàng gè xīngqī wǒ qù hǎibiān wánr le.
A：上 个 星期 我去 海边 玩儿 了。

Guàibude nǐ shài hēi le.
B：怪不得 你 晒 黑 了。

Wáng Měilì zài jiǎnféi ne.
A：王 美丽 在 减肥 呢。

Guàibude tā chī de nàme shǎo.
B：怪不得 她 吃 得 那么 少。

Yuánlái nǐ zài zhèr. Bái lǎoshī zhèngzài zhǎo nǐ.
原来 你在这儿。白老师 正在 找 你。

Yuánlái nǐ huì hē jiǔ a. Wǒ hái yǐwéi nǐ bú huì ne.
原来 你会 喝 酒啊。我还 以为 你 不会 呢。

Yuánlái nǐ māma shì Zhōngguórén, guàibude nǐ Hànyǔ shuō de nàme hǎo.
原来 你妈妈 是 中国人， 怪不得 你 汉语 说 得 那么 好。

Guàibude zhè jǐ tiān méi kànjiàn nǐ, yuánlái nǐ qù lǚxíng le.
怪不得 这 几天 没 看见 你，原来 你去 旅行 了。

**4. 用"哪"、"哪儿"、"谁"、"什么"、"怎么"表示反义疑问。**
"nǎ", "nǎr", "shéi", "shénme" and "zěnme" can be used for rhetorical questions.

Nǎ néng bú yào le ne? Dāngrán yào.
哪能 不要 了呢？≈当然 要。

Tā nǎr huì dǎ wǎngqiú? Tā bú huì dǎ wǎngqiú.
他 哪儿会 打 网球？≈ 他不会 打 网球。

Shéi shuō wǒ bù dǒng? Wǒ dāngrán dǒng.
谁 说 我不懂？≈ 我当然 懂。

Nǐ zhīdao shénme?　Nǐ bù zhīdao.
你 知道 什么？≈你 不 知道。

Nǐ zěnme zhīdao wǒ xǐhuan?　Nǐ bù zhīdao wǒ xǐhuan háishi bù xǐhuan.
你 怎么 知道 我 喜欢？≈你 不 知道 我 喜欢 还是 不 喜欢。

## ● 情景会话 Situational Dialogues

1. 教室里，王美丽和安娜聊天。In the classroom, Meilian and Anna are chatting.

   Wáng Měilì: Ānnà, kàn wǒ zhè tiáo qúnzi zěnmeyàng?
   王 美丽：安娜，看 我 这 条 裙子 怎么样？

   Ānnà: Zhēn piàoliang. Hěn shìhé nǐ. Shénme shíhou mǎi de?
   安娜：真 漂亮。很 适合 你。什么 时候 买 的？

   Wáng Měilì: Zuótiān zánmen bú shì yìqǐ qù chī fàn le ma? Fàndiàn biānr
   王 美丽：昨天 咱们 不是 一起 去 吃饭 了 吗？饭店 边儿
   shang yǒu gè fúzhuāngdiàn, wǒ yí jìnqù jiù kànshangle zhè tiáo.
   上 有 个 服装店，我 一 进去 就 看上了 这 条。

   Ānnà: Guàibude dàjiā liáotiānr de shíhou, nǐ hé Měizǐ bú jiàn le.
   安娜：怪不得 大家 聊天儿 的 时候，你 和 美子 不 见 了。
   Měilì, wǒ juéde nǐ zuìjìn kāishǐ ài dǎban le.
   美丽，我 觉得 你 最近 开始 爱 打扮 了。

   Wáng Měilì: Méiyǒu de shì. Zhèr de dōngxi hěn piányi, wǒ xiǎng huíguó
   王 美丽：没有 的 事。这儿 的 东西 很 便宜，我 想 回国
   yǐqián duō mǎi diǎnr.
   以前 多 买 点儿。

2. 王美丽在路上碰见安娜。Meilian comes across Anna on the road.

   Wáng Měilì: Ānnà, jíjímángmáng de qù nǎr a?
   王 美丽：安娜，急急忙忙 地 去 哪儿 啊？

# 第33课  我的包拉链坏了

安娜： Měilì, nǐ zhīdao nǎr yǒu xiū lāliàn de ma? Wǒ shūbāo de lāliàn huài le.
美丽，你知道哪儿有修拉链的吗？我书包的拉链坏了。

王美丽： Huàile jiù huàile ba. Súhuà shuō, Jiù de bú qù, xīn de bù lái.
坏了就坏了吧。俗话说，旧的不去，新的不来。

安娜： Zhè kě shì wǒ líkāi Bālí de shíhou, nánpéngyou sònggěi wǒ de, nǎ néng bú yào le ne?
这可是我离开巴黎的时候，男朋友送给我的，哪能不要了呢？

王美丽： Yuánlái shì zhèyàng. Xuéxiào dōngmén wàimian yǒu gè xiūxiédiàn, hǎoxiàng kěyǐ xiū lāliàn, nǐ qù nàr kànkan ba.
原来是这样。学校东门外面有个修鞋店，好像可以修拉链，你去那儿看看吧。

## 叙述 Narrative

Xuéxiào wàimian yǒu tiáo rènao de shāngyèjiē, jiē shang yǒu bù shǎo dàdàxiǎoxiǎo、gè zhǒng gè yàng de diànpù, shénme xǐyìndiàn、fùyìndiàn、yīnxiàngdiàn、lǐfàdiàn、xiūxiédiàn、xiūchēdiàn, hái yǒu yì jiā èrshísì xiǎoshí biànlìdiàn. Fànguǎn ma, dāngrán yě bù shǎo, tèbié shì jǐ jiā Sìchuāncài fànguǎn, zǒngshì shēngyi xīnglóng. Gǎnshang zhōumò rén duō, hái děi páiduì děng zuòwèi ne.

学校外面有条热闹的商业街，街上有不少大大小小、各种各样的店铺，什么洗印店、复印店、音像店、理发店、修鞋店、修车店，还有一家24小时便利店。饭馆嘛，当然也不少，特别是几家四川菜饭馆，总是生意兴隆。赶上周末人多，还得排队等座位呢。

## 课堂互动 Class Activities

1. 小组交流：怎么打扮好？丁兰的表哥今天是第一次跟女孩子约会，请你和丁兰一起帮表哥打扮打扮。选择衣物时注意要说明原因，并尽量使用本课的语言点，如"不是……吗？"、"怪不得……，原来……"等。别的人要表明意见。

   Group work: How to dress up? Today it is the first time for Ding Lan's cousin to date a girl. Please work with Ding Lan to help her cousin dress up. Explain the reasons when choosing the clothes, and try to use the patterns of this lesson as much as you can, such as "búshì...ma?"、"guàibude..., yuánlái...", and so on. Other students are supposed to share their ideas.

2. 调查：在你学习的城市有没有修理拉链的地方？如果有，是什么地方？价钱怎么样？

   如果你的自行车没气了，可能是什么问题？去哪儿解决？大概多少钱？

   在你的国家，如果遇到这样的问题，你会怎么办？

   Survey: Are there zipper repair stores in the city where you are studying? If so, where are they? What are the prices?

   What is the possible problem if your bicycle gets a flat tire? Where will you go for the solution? What is the possible price?

   What would you do in your country if you have this kind of problem?

## 生词 New Words

| | | | | |
|---|---|---|---|---|
| 1. | 拉链 | lāliàn | （名） | zipper |
| 2. | 坏 | huài | （形） | bad; broken |
| 3. | 上面 | shàngmian | （名） | above; over |
| 4. | 修（理） | xiū(lǐ) | （动） | repair; fix |
| 5. | 重要 | zhòngyào | （形） | important |
| 6. | 最后 | zuìhòu | （名） | last; final |
| 7. | 打听 | dǎting | （动） | ask or inquire about |

## 第33课  我的包拉链坏了

| | | | | |
|---|---|---|---|---|
| 8. | 适合 | shìhé | （动） | suit; fit |
| 9. | 服装 | fúzhuāng | （名） | clothes; clothing |
| 10. | 看上 | kànshang | （动） | take a fancy to; settle on |
| 11. | 怪不得 | guàibude | （副） | no wonder |
| 12. | 开始 | kāishǐ | （动） | begin; start |
| 13. | 急忙 | jímáng | （副） | hurriedly; hastily |
| 14. | 俗话 | súhuà | （名） | common saying; proverb |
| 15. | 旧 | jiù | （形） | old; used |
| 16. | 离开 | líkāi | （动） | leave |
| 17. | 原来 | yuánlái | （副） | so; it turns out |
| 18. | 外面 | wàimian | （名） | outside |
| 19. | 好像 | hǎoxiàng | （动） | as if; looks like; seem |
| 20. | 商业 | shāngyè | （名） | commerce; business |
| 21. | 各种各样 | gè zhǒng gè yàng | | various sorts; all sorts |
| 22. | 店铺 | diànpù | （名） | shop; store |
| 23. | 洗印 | xǐyìn | （动） | develop (film) and print out |
| 24. | 复印 | fùyìn | （动） | duplicate; Xerox |
| 25. | 音像 | yīnxiàng | （名） | audio and video |
| 26. | 理发 | lǐfà | （动） | have a haircut |
| 27. | 便利 | biànlì | （形） | convenient; easy |
| 28. | 总是 | zǒngshì | （副） | always; all the time |
| 29. | 兴隆 | xīnglóng | （形） | prosperous; brisk |
| 30. | 赶（上） | gǎn(shang) | （动） | run into (a situation) |
| 31. | 座位 | zuòwèi | （名） | place to sit; seat |

### 专有名词 Proper Nouns

1. 史努比   Shǐnǔbǐ   Snoopy
2. 巴黎    Bālí     Paris

## 汉语.com Chinese.com

súyǔ

俗语 Common Saying

Lǐ qīng qíngyì zhòng

礼轻 情义 重 　　　　The gift itself may be light, but it conveys deep feeling.

Huò bǐ sān jiā

货比三家 　　　　Compare prices at various shops.

Yì fēn qián, yì fēn huò.

一分钱，一分货。 　　The price tells the quality.

## 第34课　我尽量帮你洗

Dì-34　Kè　Wǒ　Jǐnliàng　Bāng　Nǐ　Xǐ

### 热身练习 Warming-up

■ 听一听，选一选 Listen and choose the right pictures

1. A. 　　B. 　　C. 　　D.

2. A. 　　B. 　　C. 　　D.

3. A. 　　B.　　C. 　　D.

4. A. 　　B. 　　C. 　　D.

5. A.  Yes　B.  NO　　6. A.  Yes　B.  NO

7. A.  Yes  B.  NO    8. A.  Yes  B.  NO

## 听一听，说一说 Listen and speak

Wáng Měilì hǎobù róngyi pèngshang yì tiáo yánsè、yàngshì dōu xǐhuan de qúnzi.
王 美丽 好不容易 碰上 一条 颜色、样式 都 喜欢 的裙子。

Qúnzi shang de yìnr yǐngxiǎng bú dà, zhǐyào bù zǐxì kàn, jiù kàn bu chūlái.
裙子 上 的 印儿 影响 不大，只要 不仔细看，就看不 出来。

Tiānqì rè qǐlai le, gānxǐ yīfu de rén bǐjiào shǎo.
天气 热 起来了，干洗 衣服的 人 比较 少。

## 看一看，练一练 Read and practice

1. 只要…就… zhǐyào...jiù...

Zhǐyào shàngwǔ shí diǎn yǐhòu lái jiù xíng.
只要 上午 十点 以后 来 就 行。

Zhǐyào gěi shāngdiàn dǎ gè diànhuà, tāmen jiù huì bǎ dōngxi sònglai.
只要 给 商店 打个 电话， 他们 就会把 东西 送来。

## 第34课　我尽量帮你洗

Zhǐyào dàjiā nǔlì,　jiù yídìng néng xuéhuì.
只要　大家努力，就一定　能　学会。

**看图说话 Look and speak**

　　　　　　　　jiù néng
（1）_____，就 能
zhǎodào lǐxiǎng de gōngzuò.
找到　理想　的　工作。

　　　　　　　　biérén
（2）_____，别人
zěnme néng bù bāng nǐ ne?
怎么　能　不　帮　你　呢？

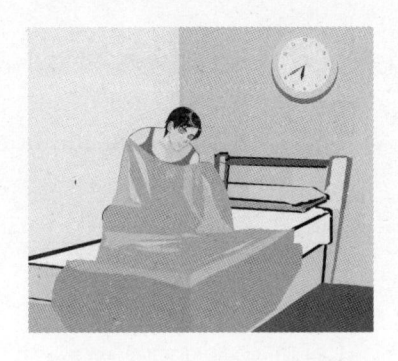

　　　　wǒ jiù qù.
（3）_____，我 就 去。

　　　　jiù bú huì wǎn le.
（4）_____，就 不 会 晚 了。

2. 好不容易（好容易）≈很不容易 hǎobù róngyi (hǎoróngyi)≈ hěn bù róngyi

Hǎo bù róngyi pèngshang yì tiáo yánsè、yàngshì wǒ dōu xǐhuan de sīchóu
好　不　容易　碰上　一 条　颜色、样式 我 都 喜欢 的 丝绸

qúnzi, gāng chuānle yì tiān jiù sǎshang kāfēi le.
裙子，刚 穿了 一天 就 洒上 咖啡了。

Qí le yí gè xiǎoshí de zìxíngchē, hǎobù róngyi cái qídào gōngyuán ménkǒu.
骑了 一个 小时 的 自行车，好不 容易 才骑到 公园 门口。

Shuōle bàntiān, hǎobù róngyi cái shuō qīngchu.
说了 半天，好不 容易 才说 清楚。

## 3. "…起来"表示"开始…" "…qǐlai" sometimes indicates "start to"

Chúle jiāojuǎn zhàopiàn yǐwài, shùmǎ zhàopiàn yě duō qǐlai le.
除了 胶卷 照片 以外，数码 照片 也多 起来了。

Tiānqì rè qǐlai le.
天气 热 起来了。

Bàba hái méi huílai, nǐmen zěnme jiù chī qǐlai le?
爸爸 还没 回来，你们 怎么 就 吃 起来了？

Dàjiā yì gāoxìng, jiù chàng qǐ gē lái le.
大家 一 高兴，就 唱 起歌来了。

## 4. 除了…以外 chúle…yǐwài

（1）表示添加。in addition to; besides

Chúle jiāojuǎn zhàopiàn yǐwài, shùmǎ zhàopiàn yě duō qǐlai le.
除了 胶卷 照片 以外，数码 照片 也多 起来了。

Chúle Shànghǎi yǐwài, wǒ hái qùguo Qīngdǎo hé Hángzhōu.
除了 上海 以外，我还 去过 青岛 和 杭州。

（2）表示排除。with the exception of; except

Chúle Ānnà yǐwài, dàjiā dōu bú huì shuō Fǎyǔ.
除了 安娜 以外，大家 都 不会 说 法语。

Chúle Xīngqītiān yǐwài, bàba měitiān dōu gōngzuò.
除了 星期天 以外，爸爸 每天 都 工作。

# 第34课 我尽量帮你洗

**看图说话 Look and speak**

1）Wáng lǎoshī xǐhuan de yùndòng hěn duō,
   王 老师 喜欢 的 运动 很多，_____。

2）Xīngqītiān, Wáng Měilì yào gàn de shì bù shǎo,
   星期天，王 美丽 要 干 的 事 不 少，_____。

3）Wáng jīnglǐ mángjíle,
   王 经理 忙极了，_____。

4）Níkě qùguo de dìfang bù duō,
   尼可 去过 的 地方 不 多，
   _____。

## 情景会话 Situational Dialogues

1. 尼可在洗印店。Nichole is in a photo store.

Níkě: Nǐ hǎo, wǒ yào xǐ zhàopiàn.
尼可：你好，我要洗照片。

Yíngyèyuán: Qǐng dào zhè biān kǎo yí xià.
营业员：请到这边拷一下。

（尼可把U盘递给营业员。Nichole passed the flash drive to the shop assistant.）

Yào jǐ cùn de?
要几吋的？

Níkě: Liù cùn de. Duōshao qián yì zhāng?
尼可：六吋的。多少钱一张？

Yíngyèyuán: Bā máo. Wǒmen zuìjìn yǒu gè yōuhuì huódòng, sānshí zhāng yǐshàng qī máo.
营业员：八毛。我们最近有个优惠活动，三十张以上七毛。

Níkě: Xiàoguǒ zěnmeyàng?
尼可：效果怎么样？

Yíngyèyuán: Zhè shì gānggāng xǐ chūlai de, nǐ kàn.
营业员：这是刚刚洗出来的，你看。

Níkě: Búcuò. Míngtiān néng qǔ ma? Wǒ míngtiān děngzhe yòng.
尼可：不错。明天能取吗？我明天等着用。

Yíngyèyuán: Méi wèntí. Zhǐyào shàngwǔ shí diǎn yǐhòu lái jiù xíng.
营业员：没问题。只要上午十点以后来就行。

2. 王美丽在干洗店。Meilian is in a laundry store.

Wáng Měilì: Shīfu, qǐng nǐ kànkan, wǒ zhè tiáo qúnzi néng bu néng xǐ gānjìng?
王美丽：师傅，请你看看，我这条裙子能不能洗干净？

## 第34课　我尽量帮你洗

营业员：哦，洒上咖啡了。我试试，可能会留点儿印儿。

王美丽：拜托了。这是我刚买的。好不容易才碰上一条颜色、样式我都喜欢的丝绸裙子，刚穿了一天，就……

营业员：别着急。我尽量帮你洗。要是实在洗不掉的话，影响也不大，只要不仔细看，应该看不出来。

王美丽：那就行。什么时候可以取？

营业员：等着穿的话，你后天下午来看看。

王美丽：那我就把裙子放这儿了。

营业员：哎，等等。你忘了拿单子了。

## 叙述 Narrative

洗印店里往往又能照照片，又能洗照片。现在除了胶卷照片以外，数码照片也多起来了。下午，尼可去校门口的洗印店里洗了一些数码照片，都是上周他

zài hútòng li zhào de, zhèxiē zhàopiàn duì tā liǎojiě Zhōngguó wénhuà hěn yǒu bāngzhù.

在胡同里照的,这些照片对他了解中国文化很有帮助。

## ● 课堂互动 Class Activities

1. 两人一组,请分别用汉语描述出A图和B图的内容,并找出两张图的不同。Pair work: Tell your partner what happened in Picture A and Picture B respectively, then find the differences between the two pictures.

   A.　　　　　　　　　　B.

   　　　洗前　　　　　　　　洗后

2. 调查:

   去洗印店了解以下问题:
   
   (1) 洗胶卷照片和数码照片价钱一样吗?洗一张六吋的,分别是多少钱?
   
   (2) 用什么相纸洗照片比较好?
   
   (3) 一般多长时间可以取?

   去洗衣店了解以下问题:
   
   (1) 干洗和水洗的价钱一样吗?
   
   (2) 洗一条裤子多少钱?洗一套西服呢?
   
   (3) 如果想打折,有什么方法?

# 第34课 我尽量帮你洗

Survey:

Go to a photo store to ask about the following questions:

(1) Are the prices for film developing and digital photo printing same? What are the prices for 4×6 prints respectively?

(2) What kind of photo printing paper is better?

(3) How long do you have to wait to pick up?

Go to a laundry store to ask about the following questions:

(1) Are the prices for dry cleaning and water cleaning same?

(2) How much is it to clean a pants? And how much is it to clean a suit?

(3) How to get a discount, if you want?

## 生词 New Words

| | | | | |
|---|---|---|---|---|
| 1. | 尽量 | jǐnliàng | （副） | to the best of one's ability |
| 2. | 洗 | xǐ | （动） | wash, clean; develop (film) |
| 3. | 碰（上） | pèng(shang) | （动） | run into |
| 4. | 样式 | yàngshì | （名） | pattern; type; style |
| 5. | 洒 | sǎ | （动） | sprinkle; spray |
| 6. | 干洗 | gānxǐ | （动） | dry clean |
| 7. | 拜托 | bàituō | （动） | request a favour |
| 8. | 实在 | shízài | （副） | indeed; really |
| 9. | 掉 | diào | （动） | (expressing the consequence of action) away; down; come off |
| 10. | 的话 | dehuà | （助） | used at the end of a conditional clause |
| 11. | 可能 | kěnéng | （副） | might; likely; probably |
| 12. | 印儿 | yìnr | （名） | mark; race; print |
| 13. | 影响 | yǐngxiǎng | （名） | influence; affect; impact |
| 14. | 只要 | zhǐyào | （连） | if only; as long as |
| 15. | 仔细 | zǐxì | （形） | careful; attentive |
| 16. | 拷 | kǎo | （动） | copy (in the computer) |
| 17. | 吋 | cùn | （量） | a unit of length, inch (English) |

| 18. | 优惠 | yōuhuì | （形） | preferential; favourable |
| --- | --- | --- | --- | --- |
| 19. | 活动 | huódòng | （名） | activity |
| 20. | 以上 | yǐshàng | （名） | above; more than; over |
| 21. | 效果 | xiàoguǒ | （名） | effect; result |
| 22. | 刚刚 | gānggāng | （副） | just |
| 23. | 才 | cái | （副） | only; just |
| 24. | 丝绸 | sīchóu | （名） | silk |
| 25. | 着急 | zháojí | （形） | get worried; feel anxious |
| 26. | 哎 | āi | （叹） | remind sb. of sth. |
| 27. | 往往 | wǎngwǎng | （副） | often; frequently |
| 28. | 除了 | chúle | （介） | in addition to; except(for) |
| 29. | 以外 | yǐwài | （名） | other than; beyond |
| 30. | 胶卷 | jiāojuǎn | （名） | roll of film |
| 31. | 数码 | shùmǎ | （名） | digital |
| 32. | 了解 | liǎojiě | （动） | understand |

## 汉语.com Chinese.com

### Yìshēng Zhōng Zuì Zhòngyào de Zhàopiàn
### 一生中最重要的照片

Zài Zhōngguórén de yìshēng zhōng, yǒu hěn duō zhàopiàn shì fēi zhào bùkě de.
在中国人的一生中，有很多照片是非照不可的。

Háizi gāng chūshēng de shíhou, fùmǔ wǎngwǎng huì gěi háizi zhào zhāng chūshēng zhào.
孩子刚出生的时候，父母往往会给孩子照张出生照。

Háizi mǎnyuè、yìbǎi tiān hé zhōusuì de shíhou, yě huì gěi háizi zhào zhāng zhàopiàn zuòwéi jìniàn.
孩子满月、一百天和周岁的时候，也会给孩子照张照片作为纪念。

Jiéhūn shì yìshēng zhōng de dàshì, jiéhūnzhào dāngrán shì bùkě quēshǎo
结婚是一生中的大事，结婚照当然是不可缺少

# 第34课 我尽量帮你洗

de. Hūnlǐ qián niánqīngrén chángcháng qù yǐnglóu zhào yí tào piàoliang de
的。婚礼 前 年轻人 常常 去 影楼 照 一套 漂亮 的
hūnshāzhào, ránhòu guà zài jǔxíng hūnlǐ de fàndiàn hé zìjǐ de xīnfáng li.
婚纱照, 然后 挂在 举行 婚礼 的 饭店 和 自己 的 新房 里。
Rúguǒ nǐ qù Zhōngguórén jiā zuòkè, hái huì kàndào tāmen quán jiā rén de
如果 你 去 中国人 家 做客,还会 看到 他们 全家人 的
héyǐng, zhè zhǒng zhàopiàn jiào zuò "quánjiāfú". "Quánjiāfú" shì Zhōngguórén
合影, 这 种 照片 叫做"全家福"。"全家福" 是 中国人
xīnli zuì zhòngyào de zhàopiàn zhī yī.
心里 最 重要 的 照片 之一。

### The Most Important Photos in the Life

In China, many pictures have to be taken in one's life. For example, parents take a birth picture of their new born baby. They also take pictures as souvenirs when the baby is one month, 100 days and one year old.

Marriage is a big life time event. Same as the people in other countries, the wedding photos are indispensable. Young people often go to photo studio to take a set of beautiful wedding photos before the wedding ceremony, and then hang the photos in the restaurant where they hold the wedding ceremony and in their bridal chamber.

If you go to a Chinese family as a guest, you will also see their whole family photo. We call this family photo as "Quan Jiafu". "Quan Jiafu" is one of the most important photos in Chinese minds.

## Dì-35 kè  Wǒ Mǎshàng Gēn Tā Liánxì
# 第 35 课 我 马上 跟 他 联系

## 热身练习 Warming-up

听一听，选一选 Listen and choose the right pictures

1. A.    B.    C.     D.

2. A.    B.    C.    D.

3. A.    B.    C.    D.

4. A.    B.    C.    D.

5. A.  Yes   B.  NO   6. A.  Yes   B.  NO

# 第35课 我马上跟他联系

7. A.  Yes  B.  NO   8. A.  Yes  B.  NO

## 听一听，说一说 Listen and speak

Níkě xiǎng xiě yì piān guānyú sìhéyuàn de wénzhāng, kěshì dào xiànzài
尼可 想 写一篇 关于 四合院的 文章，可是 到 现在
lián zīliào dōu méi zhǔnbèi hǎo.
连 资料 都 没 准备 好。

Bùguǎn shéi xiān dào, dōu zài nàr děngzhe, bú jiàn bú sàn.
不管 谁 先 到，都 在 那儿 等着，不见不散。

## 看一看，练一练 Read and practice

1. 连…都/也… lián…dōu/yě…

Lián wǒ de shēngyīn nǐ dōu tīng bu chūlái le?
连 我的 声音 你 都 听 不 出来了？

Zuìjìn tā yìzhí hěn máng, lián Xīngqītiān dōu méi xiūxi.
最近他一直很 忙，连 星期天 都 没 休息。

Nǐ lián yí kuài qián dōu méiyǒu ma?
你 连 一块 钱 都 没有 吗？

43

根据所给的词语说句子 Make a sentence with the given words or phrases

例 For example

  lèi méi chī fàn shuìjiào
  累  没吃饭  睡觉

  Jīn Héyǒng hěn lèi. Tā lián fàn dōu méi chī jiù shuìjiào le.
  金和永 很累。他连饭都 没吃就睡觉了。

  zháojí méi chīfàn zǒu
（1）着急 没  吃饭  走

  máng Xīngqītiān bù néng xiūxi
（2）忙  星期天  不能  休息

  hǎochī bú ài chī ròu de rén ài chī
（3）好吃 不爱吃肉的人  爱吃

  shuō de hěn kuài yí jù huà méi tīngdǒng
（4）说得很快  一句话  没听懂

**2. 不管…都…** bùguǎn...dōu...

  Bùguǎn shéi xiān dào, dōu zài nàr děngzhe, bú jiàn bú sàn.
  不管 谁先到，都在那儿等着，不见不散。
  Bùguǎn duō máng, měitiān wǎnshang tā dōu yào qù yùndòng.
  不管 多忙，每天 晚上 他都要去运动。
  Bùguǎn yǒu shénme wèntí, dōu kěyǐ wèn.
  不管 有什么 问题，都可以问。

# 第35课 我马上跟他联系

**看图说话 Look and speak**

(1) A：Míngtiān wǒ kěnéng qù bu liǎo.
明天 我 可能 去不了。

B：_____。

(2) A：Tā tài lǎn le.
它太懒（lazy）了。

B：Kěbúshì.
可不是。_____。

(3) A：Bái yéye měitiān dōu dǎ tàijíquán ma?
白爷爷 每天 都 打 太极拳 吗？

B：Shì a.
是啊。_____。

(4) A：Lǎoshī, dào shí diǎn yàoshi zuò bu wán zěnmebàn?
老师，到十点 要是 做不完 怎么办？

B：_____。

3. 关于 guānyú

Hán shūshu xiěle yì běn guānyú sìhéyuàn de shū.
韩 叔叔 写了 一本 关于 四合院 的 书。

听了 韩叔叔的介绍，尼可知道了很多关于四合院的故事（story）。

关于这个问题，我们以后再讨论。

## 情景会话 Situational Dialogues

1. 尼可给李强打电话。Nichole is calling Li Qiang.

尼可：喂，是李强吗？

李强：是我。你哪位？

尼可：连我的声音你都听不出来了？我是尼可。

李强：不好意思，刚才外面太乱了，听不清楚。现在好了，你说吧。

尼可：我记得你说过，你爸爸有个朋友，是研究民俗的专家，对吗？我想请你引见一下。

李强：哦，你说的是韩叔叔。你怎么突然对中国的民俗感兴趣了呢？

## 第35课 我马上跟他联系

尼可：Wǒ xiǎng xiě yì piān guānyú sìhéyuàn de wénzhāng, kěshì yǒu jǐ gè wèntí hái bú tài qīngchu, xiǎng dāngmiàn xiàng Hán shūshu qǐngjiào.
我想写一篇关于四合院的文章，可是有几个问题还不太清楚，想当面向韩叔叔请教。

李强：Yuánlái shì zhèyàng. Méi wèntí, wǒ mǎshàng gēn tā liánxì, wènwen tā zhège zhōumò yǒu méiyǒu shíjiān.
原来是这样。没问题，我马上跟他联系，问问他这个周末有没有时间。

尼可：Nà jiù bàituō nǐ le.
那就拜托你了。

李强：Bié kèqi. Děng wǒ liánxì hǎo yǐhòu jiù gěi nǐ fā duǎnxìn.
别客气。等我联系好以后就给你发短信。

2. 李强给韩叔叔家打电话。Li Qiang is calling Uncle Han.

李强：Wei, nín hǎo, shì Hán shūshu ma?
喂，您好，是韩叔叔吗？

韩叔叔：Shì a. Nǐ shì Lǐ Qiáng ba? Zěnme zhème jiǔ bù lái wǒ jiā wánr le?
是啊。你是李强吧？怎么这么久不来我家玩儿了？

李强：Wǒ zuìjìn zhèngzài shíxí, máng de bù déliǎo. Duì le, wǒ bàba wèn nín hǎo.
我最近正在实习，忙得不得了。对了，我爸爸问您好。

韩叔叔：Xièxie. Nǐ zhǎo wǒ yǒu shì ma?
韩叔叔：谢谢。你找我有事吗？

李强：Shì zhèyàng de. Wǒ yǒu yí gè Měiguó péngyou, tā xiǎng xiàng nín qǐngjiào yìxiē mínsú fāngmiàn de wèntí, bù zhīdào nín zhège
是这样的。我有一个美国朋友，他想向您请教一些民俗方面的问题，不知道您这个

<pre>
                zhōumò yǒu méiyǒu shíjiān.
                周末   有  没有   时间。
    Hán shūshu:  Shì nǐ de péngyou a?   Méi wèntí, zhège zhōumò wǒ zhènghǎo
    韩 叔叔：   是 你的 朋友   啊？没 问题，这个 周末   我  正好
                yǒu kòngr,  nǐ dài tā  guòlai ba.
                有 空儿，你 带 他 过来 吧。
    Lǐ Qiáng:  Hǎode.  Nà wǒmen Zhōuliù xiàwǔ guòqu ba.  Xièxiè shūshu.
    李 强：   好的。 那  我们   周六 下午  过去  吧。谢谢   叔叔。
</pre>

## ● 叙述 Narrative

李强给尼可发短信。 Li Qiang sent Nichole a Text Message.

<pre>
    Níkě,    yǐjīng liánxì hǎo le.  Zhōuliù xiàwǔ qù Hán shūshu jiā, sān diǎn
    尼可，已经 联系 好 了。周六  下午 去 韩 叔叔  家，三点
    Xīzhímén dìtiězhàn A kǒu jiàn.  Bùguǎn shéi xiān dào, dōu zài nàr  děngzhe,
    西直门   地铁站  A 口 见。不管   谁 先 到，都 在 那儿  等着，
    bú jiàn bú sàn.
    不 见 不 散。
</pre>

尼可的回复。 Nichole's reply.

<pre>
    Duō xiè. Wǒ yídìng  zhǔnshí dào.
    多 谢。我 一定   准时   到。
</pre>

## ● 课堂互动 Class Activities

1. 角色扮演：不要生气了。男孩子最近很忙，总加班；他的女朋友打电话来，想定约会的时间，可是男孩不能去，所以女孩儿生气了。请尽量使用本课的语言点，如"连……都/也"、"不管……都"等来组织对话。

Role-play: Don't be angry. One student plays the role of boyfriend, the other plays the role of girlfriend. The boy is very busy recently, he always works overtime. His girlfriend is calling him and trying to date him, but the boy can not make it. So the girl gets angry. Please try to use the patterns in this lesson to make the conversation, such as "lián…dōu/yě", "bùguǎn…dōu"、and so on.

2. 动手操作：发短信。今天早上你不能来上课，或者可能迟到一会儿。请给你的老师发一个短信，说明你的理由，请老师原谅，并询问一下有没有什么作业。

Hands-on activity: Send a Text Message. You could not come to the class or maybe would be late for a while this morning. Please send your teacher a Text Message, explain the reason, excuse yourself and ask about the homework assigned.

## 生词 New Words

| # | 词 | 拼音 | 词性 | 英文 |
|---|---|---|---|---|
| 1. | 马上 | mǎshàng | （副） | at once; immediately |
| 2. | 联系 | liánxì | （动） | contact |
| 3. | 事情 | shìqing | （名） | thing; affair |
| 4. | 四合院 | sìhéyuàn | （名） | courtyard house |
| 5. | 篇 | piān | （量） | for articles |
| 6. | 关于 | guānyú | （介） | concerning; regarding; about |
| 7. | 文章 | wénzhāng | （名） | article; essay |
| 8. | 连…都… | lián…dōu… | | even |
| 9. | 资料 | zīliào | （名） | data; material |
| 10. | 准备 | zhǔnbèi | （动） | prepare; get ready |
| 11. | 研究 | yánjiū | （动） | study; research |
| 12. | 民俗 | mínsú | （名） | folkways; folk custom |
| 13. | 专家 | zhuānjiā | （名） | expert; specialist |
| 14. | 叔叔 | shūshu | （名） | uncle; father's younger brother |
| 15. | 请教 | qǐngjiào | （动） | seek advice from sb.; consult |
| 16. | 短信 | duǎnxìn | （名） | text message (in the cell phone) |

| 17. | 地点 | dìdiǎn | （名） | place |
| 18. | 并且 | bìngqiě | （连） | and; besides; moreover |
| 19. | 不管 | bùguǎn | （连） | no matter (what, how); regardless of |
| 20. | 声音 | shēngyīn | （名） | voice; sound |
| 21. | 刚才 | gāngcái | （名） | just now; a moment ago |
| 22. | 乱 | luàn | （形） | noisy; in a mess; in disorder |
| 23. | 记得 | jìde | （动） | remember |
| 24. | 引见 | yǐnjiàn | （动） | present (a person) to suddenly; unexpectedly |
| 25. | 突然 | tūrán | （形） | suddenly; unexpectedly |
| 26. | 当面 | dāngmiàn | （副） | to sb's face; in sb's present; face to face |
| 27. | 向 | xiàng | （介） | to; towards |
| 28. | 实习 | shíxí | （动） | practise; do fieldwork |
| 29. | 不得了 | bù délião | | (of degrees) extremely |
| 30. | 一定 | yídìng | （副） | surely, necessarily; must, certainly |

## 汉语.com Chinese.com

### Hútòng hé Sìhéyuàn
### 胡同 和 四合院

Hútòng, zhǐ Běijīng de xiǎo jiē xiǎo xiàng. Zhǔyào jízhōng zài Gùgōng zhōuwéi,
胡同，指 北京 的 小 街 小 巷。 主要 集中 在 故宫 周围，
dà bùfen xiūjiàn yú Zhōngguó lìshǐ shang de Yuán、Míng、Qīng sān ge cháodài.
大部分 修建 于 中国 历史 上 的 元、明、清 三 个 朝代。
Hútòng zhōng de zhǔyào jiànzhù shì sìhéyuàn, zhè shì yì zhǒng yóu dōng xī nán
胡同 中 的 主要 建筑 是 四合院， 这 是 一 种 由 东 西 南
běi sì zuò fángwū wéi zài yìqǐ de sìfāng jiànzhù. Wèile dédào chōngzú yángguāng,
北 四 座 房屋 围 在 一起 的 四方 建筑。 为了 得到 充足 阳光，

sìhéyuàn yìbān dōu zuò běi cháo nán, yīncǐ hútòng dàduō shì dōngxī zǒuxiàng de.
四合院 一般 都 坐 北 朝 南，因此 胡同 大多 是 东西 走向 的。
Wèile xíngzǒu fāngbiàn, zài jiào dà de hútòng zhījiān yòu yǒu xǔduō nánběi xiàng
为了 行走 方便，在 较 大 的 胡同 之间 又 有 许多 南北 向
de xiǎo hútòng liánjiē. Lǎo Běijīngchéng jiù xiàng yí gè jùdà de sìhéyuàn, dōng xī
的 小 胡同 连接。老 北京城 就 像 一个 巨大 的 四合院，东 西
nán běi jīběn duìchèn, bùjú zhěngqí, qìshì hóngwěi.
南 北 基本 对称，布局 整齐，气势 宏伟。

### Hutong and Siheyuan

Hutongs are narrow streets or alleys in Beijing. Mainly surrounding the Forbidden City, most Hutongs were built during the Yuan, Ming and Qing dynasties in Chinese history. Hutongs are alleys formed by lines of siheyuan, which is quadrangle courtyard surrounded by four buildings fronting the east, west, north and south. Nearly all siheyuan have their main buildings and gates facing south for better lighting; thus a majority of hutongs run from east to west. Between the main hutongs, many tiny lanes run north and south for convenient passage. The old Beijing city looks like a huge siheyuan with complete symmetry, neat layout and imposing manner.

## Dì-36 Kè  Shūbāo Wàng Zài Fángjiān Li le
# 第 36 课 书包 忘 在 房间 里了

## 热身练习 Warming-up

**听一听，选一选** Listen and choose the right pictures

1. A.     B.     C.     D.

2. A.     B.     C.     D.

3. A.     B.     C. 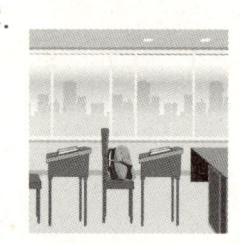    D.

4. A. 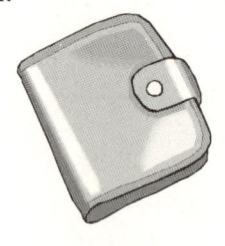    B.     C.     D.

5. A.  Yes    B.  NO    6. A.  Yes    B.  NO

# 第36课  书包忘在房间里了

7. A.  Yes   B.  NO    8. A.  Yes   B.  NO

■ 听一听，说一说 Listen and speak

Yīnwèi shíjiān kuài láibují le, (suǒyǐ) Měizǐ yǒudiǎnr zháojí.
因为 时间 快 来不及 了，（所以）美子 有点儿 着急。

Shūbāo (bèi Měilì) wàng zài fángjiān li le.
书包（被美丽）忘 在 房间 里了。

■ 看一看，练一练 Read and practice

1. "被"字句 "bèi" Construction

S1＋被/叫/让＋S2＋V.＋…

Wǒ de shǒujī dàgài bèi rén tōuzǒu le.
我 的 手机 大概 被 人 偷走了。

Jiějie de júzi bèi mèimei chī le.
姐姐的 橘子 被 妹妹 吃了。

Zúqiú ràng/jiào tāmen tīhuài le.
足球 让/叫 他们 踢坏了。

53

汉语里还有很多表被动意义的句子，因为不强调动作的施事，可以不使用"被、叫、让"。例如：There are some other passive sentences in Chinese, because the actor is not emphasized, "bèi, ràng, jiào" can be omitted. For example:

Fàn chīwán le.
饭 吃完 了。

Yīfu xǐ gānjìng le.
衣服 洗 干净 了。

Shūbāo wàng zài fángjiān li le.
书包 忘 在 房间 里了。

看图说话 Look and speak

gēge
哥哥

Māma, kànjiàn wǒ de zìxíngchē le ma?
（1）A：妈妈，看见 我的 自行车 了吗？

B：_____。

Wǒ de xiézi ne?
（2）A：我的 鞋子 呢？

B：_____。

## 第36课　书包忘在房间里了

（3）A：Bīngjīlíng hái yǒu ma?
　　　　冰激凌　还有吗？
　　B：_____。

（4）A：Xuéshēngzhèng dàile ma?
　　　　学生证　带了吗？
　　B：_____。

**2. 因为…，所以…** yīnwèi..., suǒyǐ...

Yīnwèi māma shēntǐ bù hǎo, suǒyǐ jīntiān méi qù shàngbān.
因为妈妈身体不好，所以今天没去上班。

Wǒ de shǒujī diū le, suǒyǐ shàngkè yǒudiǎnr zǒushén.
我的手机丢了，所以上课有点儿走神。

Yīnwèi tiānqì biànhuà dà, gǎnmào、késou de rén bǐjiào duō.
因为天气变化大，感冒、咳嗽的人比较多。

看图说话 Look and speak

（1）_____，
　　suǒyǐ tā kǎo de hěn hǎo.
　　所以她考得很好。

（2）Xià yǔ nà tiān Jīn Héyǒng méi dài sǎn,
　　下雨那天金和永没带伞，
　　_____。

（3）因为 尼可 对 中国 民俗
　　　Yīnwèi Níkě duì Zhōngguó mínsú
　　　很 感 兴趣，_____。
　　　hěn gǎn xìngqù,

（4）_____，他们 就 去
　　　　　　　　　　tāmen jiù qù
　　　看 电影 了。
　　　kàn diànyǐng le.

### 3. 来不及/来得及 láibují / láidejí

时间 来不及 了，我们 快 点儿 吧。
Shíjiān láibují le, wǒmen kuài diǎnr ba.

别 着急，来得及。我们 还 有 半 个 小时 呢。
Bié zháojí, láidejí. Wǒmen hái yǒu bàn gè xiǎoshí ne.

来不及 吃 饭 了，我 现在 就 得 走。
Láibují chī fàn le, wǒ xiànzài jiù děi zǒu.

## 情景会话 Situational Dialogues

1. 美子在学校门口等王美丽。Miko is waiting for Meilian at the gate of school.

美子：美丽，快 点儿。再 磨蹭 的话，就 来不及 了。
Měizǐ: Měilì, kuài diǎnr. Zài móceng dehuà, jiù láibují le.

王 美丽：别 提 了。出 了 门 我 才 发现 没 带 相机，所以 赶紧
Wáng Měilì: Bié tí le. Chūle mén wǒ cái fāxiàn méi dài xiàngjī, suǒyǐ gǎnjǐn
回去 取。
huíqu qǔ.

## 第36课  书包忘在房间里了

美子: 那也耽误不了几分钟啊。

王美丽: 还有呢。

美子: 还有什么?

王美丽: 我进屋,拿起相机就往屋外走,结果书包又忘在房间里了。

美子: 忘了就忘了吧。谁说看京剧非得带书包了。

王美丽: 什么呀。我的钱包、学生证,还有护照都在书包里呢,没有怎么行?

美子: 唉,你这个马大哈。

2. 金和永的手机丢了,他很着急,白禾安慰他。Kim Hwa Young lost his cell phone. He gets worried, Bai He is comforting him.

白禾: 金和永,怎么了?你的精神不太好。

金和永: 对不起,老师,我的手机丢了,所以上课有点儿走神。

Bái Hé: Nǐ de shǒujī bú shì gāng mǎi de ma? Zěnme diū le?
白禾：你的手机不是刚买的吗？怎么丢了？

Jīn Héyǒng: Zuótiān wǎnshang wǒ gēn péngyou yìqǐ chī fàn, chīwán fàn cái fāxiàn shǒujī méiyǒu le.
金和永：昨天晚上我跟朋友一起吃饭，吃完饭才发现手机没有了。

Bái Hé: Shì bu shì diào zài shénme dìfang le?
白禾：是不是掉在什么地方了？

Jīn Héyǒng: Bú huì, chī fàn de shíhou wǒ hái yòngle ne. Dàgài shì bèi rén tōuzǒu le.
金和永：不会，吃饭的时候我还用了呢。大概是被人偷走了。

Bái Hé: Bié nánguò le, yǐhòu xiǎoxīn diǎnr ba.
白禾：别难过了，以后小心点儿吧。

## 叙述 Narrative

Hěn duō rén cháng bǎ xuèxíng gēn xìnggé liánxì qǐlai. Wáng Měilì shì gè mǎdàhā, tā chángcháng diū sān là sì. Péngyoumen shuō, B xíng xiě de rén jiù zhèyàng, méiyǒu bànfǎ. Wáng Měilì bù xiāngxìn, péngyoumen hái jǔlì shuō: Nǐ kàn, Měizǐ shì A xíng xiě, tā jiù bù diū sān là sì. Xuèxíng, zhēnde zhème shénqí ma?

很多人常把血型跟性格联系起来。王美丽是个马大哈，她常常丢三落四。朋友们说，B型血的人就这样，没有办法。王美丽不相信，朋友们还举例说：你看，美子是A型血，她就不丢三落四。血型，真的这么神奇吗？

# 第36课　书包忘在房间里了

● 课堂互动 **Class Activities**

1. 看图说话：倒霉的一天。两人一组，按照图片，一人描述一张，可尽情想象，注意使用"被"字句。

    Look and speak: A bad day. Work in pairs. Take turns to describe the following pictures. Give free rein to your imagination. Pay attention to use "bèi" construction.

2. 小组交流：血型与性格。你认为血型和性格有没有关系？边讨论边列出你的看法，然后在班级交流。

    Group work: Blood type and personality. Do you think that blood type and personality are related? List your ideas while discussing, and then exchange the ideas in class.

## 生词 New Words

| | | | | |
|---|---|---|---|---|
| 1. | 来不及 | láibují | （动） | there's not enough time (to do sth.) |
| 2. | 磨蹭 | móceng | （动） | move slowly; dawdle |
| 3. | 出门 | chūmén | （动） | go out; be away from home |

| | | | | |
|---|---|---|---|---|
| 4. | 发现 | fāxiàn | （动） | notice; find out; detect |
| 5. | 相机 | xiàngjī | （名） | camera |
| 6. | 所以 | suǒyǐ | （连） | so; therefore; as a result |
| 7. | 赶紧 | gǎnjǐn | （副） | hurriedly; speedily |
| 8. | 屋（子） | wū(zi) | （名） | room; house |
| 9. | 钱包 | qiánbāo | （名） | purse; wallet |
| 10. | 学生证 | xuéshēngzhèng | （名） | student ID |
| 11. | 耽误 | dānwu | （动） | delay; hold up |
| 12. | 解释 | jiěshì | （名） | explanation; interpretation |
| 13. | 马大哈 | mǎdàhā | （名） | a careless person |
| 14. | 办法 | bànfǎ | （名） | method; means |
| 15. | 结果 | jiéguǒ | （连/名） | as a result; result |
| 16. | 非 | fēi | （副） | have got to; simply must |
| 17. | 呀 | ya | （叹） | (expressing surprise) ah |
| 18. | 精神 | jīngshen | （名） | spirit; mind; vigor |
| 19. | 手机 | shǒujī | （名） | mobile phone; cellular phone |
| 20. | 丢 | diū | （动） | lose |
| 21. | 走神 | zǒushén | （动） | (of one's attention) wander; be absent-minded |
| 22. | 被 | bèi | （介） | by (marker for passive-voice sentences) |
| 23. | 偷 | tōu | （动） | steal |
| 24. | 难过 | nánguò | （形） | sad |
| 25. | 血型 | xuèxíng | （名） | blood type |
| 26. | 性格 | xìnggé | （名） | nature; disposition |
| 27. | 丢三落四 | diū sān là sì | | forget this and that; be always forgetting things |
| 28. | 相信 | xiāngxìn | （动） | believe in; trust |
| 29. | 举例 | jǔlì | （动） | give an example |
| 30. | 神奇 | shénqí | （形） | magical; mystical |

## 第36课　书包忘在房间里了

### 汉语.com Chinese.com

Yǒu yìsi de sānzìcí:
有 意思 的 三字词：

Jīlingguǐ: Dàjiā dōu shuō Xiǎo Wáng shì gè jīlingguǐ, chángcháng yǒu hěn
机灵鬼： 大家 都 说 小 王 是 个 机灵鬼， 常常 有 很
　　　　 duō hǎo zhǔyi.
　　　　 多 好 主意。

Yèmāozi: Zhēnyī shì gè yèmāozi, měitiān wǎnshang liǎng sān diǎn cái shuì.
夜猫子： 真一 是 个 夜猫子， 每天 晚上 两 三 点 才 睡。

Kēshuìchóng: Zhōumò de shíhou Zhēnyī chángcháng shuìdào zhōngwǔ,
瞌睡虫： 周末 的 时候 真一 常常 睡到 中午，
　　　　　péngyoumen dōu jiào tā kēshuìchóng.
　　　　　朋友们 都 叫 他 瞌睡虫。

**The Interesting Words Composed of 3 Characters**

Downy bird / a clever person: Everybody says that Xiao Wang is a downy bird, he often has many good ideas.

Night owl / a person who goes to bed late: Shinichi is a night owl, everyday he doesn't sleep until 2 or 3 o'clock in the early morning of the next day.

Sleep-inducing insect / a sleepy person: Shinichi often doesn't get up until the noon during weekends, his friends call him a sleep-inducing insect.

## Dì-37 Kè  Wǒ Kànkan Zhè Kuǎn Shǒujī
# 第 37 课 我 看看 这 款 手机

## ● 热身练习 Warming-up

■ 听一听，选一选 *Listen and choose the right pictures*

1. A.       B.       C.       D.

2. A.       B.       C.       D.

3. A.       B.       C.       D.

4. A.  ¥300    B.  ¥1200    C.  ¥2600    D.  ¥4500

5. A.  Yes    B.  NO    6. A.  Yes    B.  NO

第37课  我看看这款手机

7. A.  Yes  B.  NO  8. A.  Yes  B.  NO

## 听一听，说一说 Listen and speak

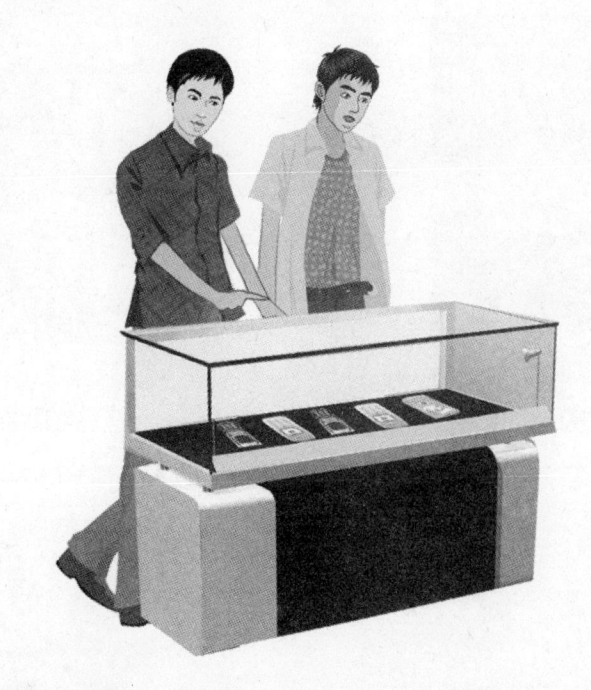

Jīn Héyǒng de shǒujī diū le,    zhǐhǎo qǐng Mǎ Yì péi tā qù mǎi yí gè.
金 和永 的 手机 丢 了，只好 请 马 义 陪 他 去 买 一 个。
Diànzǐ yì tiáo jiē de shǒujī, jiàqián kěnéng piányi yìdiǎnr,    búguò
电子 一 条 街 的 手机，价钱 可能 便宜 一点儿，不过
děi kǎnjià.
得 砍价。

## 看一看，练一练 Read and practice

1. 只好 zhǐhǎo

   Wǒ pà tīng bu dǒng yíngyèyuán de huà, zhǐhǎo máfan nǐ le.
   我 怕 听 不 懂 营业员 的 话，只好 麻烦 你 了。

Xià yǔ le, wǒmen zhǐhǎo zài jiā kàn diànshì.
下 雨 了，我们 只好 在 家 看 电视。

Měizǐ qù lǔxíng le, Zhēnyī zhǐhǎo chī fāngbiànmiàn.
美子 去 旅行 了，真一 只好 吃 方便面（instant noodles）。

看图说话 Look and speak

Méiyǒu gōnggòng qìchē le,
（1）没有 公共 汽车 了，
　　　　_____。

Wǒ zìjǐ zěnme yě xǐ bu gānjìng,
（2）我 自己 怎么 也 洗 不 干净，_____。

Bā hào de huǒchēpiào zǎo jiù màiwán le,
（3）8 号 的 火车票 早 就 卖完 了，_____。

Gōngzuò hái méi gànwán,
（4）工作 还 没 干完，
　　　　_____。

## 第37课 我看看这款手机

### 2. 不过 búguò

Diànzǐ yì tiáo jiē de dōngxi bǐjiào piányi, búguò děi kǎnjià.
电子 一条街的 东西 比较 便宜，不过 得 砍价。

Zhè yīfu piàoliang shì piàoliang, búguò nǐ chuān bù héshì.
这 衣服 漂亮 是 漂亮， 不过 你 穿 不合适。

Yìqǐ qù chī fàn kěyǐ, búguò děi wǒ zuòdōng.
一起 去 吃 饭 可以，不过 得 我 做东。

### 3. 还是…吧 háishi...ba

Kǎnjià tài máfan le, zánmen háishi qù Guóměi ba.
砍价 太 麻烦 了，咱们 还是 去 国美 吧。

Shǒujī gōngnéng háishi jiǎndān yìdiǎnr ba, néng dǎ néng jiē jiù xíng le.
手机 功能 还是 简单 一点儿 吧，能 打 能 接 就 行 了。

Hóng de māma kěnéng bù xǐhuan, háishi mǎi hēi de ba.
红 的 妈妈 可能 不 喜欢，还是 买 黑 的 吧。

**完成对话** Complete the following dialogues

（1）A：Zánmen zěnme qù?
咱们 怎么 去?

B：Shíjiān láibují le, _____。
时间 来不及 了，_____。

（2）A：Kàn qī diǎn de háishi bā diǎn de?
看 七点 的 还是 八点 的?

B：Zǎo diǎnr hǎo.
早 点儿 好。_____。

（3）A：Zánmen zài guàng yíhuìr ba.
咱们 再 逛 一会儿 吧。

B：_____。Wǒ yǐjīng è le.
_____。我 已经 饿 了。

Xiànzài qù bù zhīdào guān méi guānmén?
（4）A：现在 去 不 知道 关 没 关门？

B：_____。

## 情景会话 Situational Dialogues

1. 马义在校门口等金和永。Ma Yi is waiting for Kim Hwa Young at the gate of school.

Jīn Héyǒng: Mǎ Yì, láile hěn cháng shíjiān le ma?
金 和永： 马义，来了 很 长 时间 了吗？

Mǎ Yì: Méiyǒu, wǒ yě gāng dào.
马义： 没有，我也 刚 到。

Jīn Héyǒng: Duìbuqǐ, wǒ pà tīng bu dǒng yíngyèyuán de huà, zhǐhǎo máfan
金 和永： 对不起，我怕听不懂 营业员 的话，只好 麻烦
nǐ le.
你了。

Mǎ Yì: Bié kèqi. Nǐ bú shì yě chángcháng bāngzhù wǒ ma?
马义： 别客气。你不是也 常常 帮助 我吗？

Jīn Héyǒng: Zánmen qù nǎr mǎi?
金 和永： 咱们 去 哪儿买？

Mǎ Yì: Wǒmen yǒu liǎng gè xuǎnzé, yī shì qù diànqì shāngchǎng, xiàng
马义： 我们 有 两 个 选择，一是去 电器 商场， 像
Guóměi、 Sūníng, yàngzi yòu duō, jiàqián yòu gōngdao; Èr shì qù
国美、 苏宁，样子 又 多，价钱 又 公道；二是去
diànzǐ yì tiáo jiē.
电子 一条街。

## 第37课　我看看这款手机

Jīn Héyǒng:　Nǎr de shǒujī piányi?
金　和永:　哪儿的 手机 便宜？

Mǎ Yì:　Diànzǐ yì tiáo jiē. Búguò děi kǎnjià.
马义:　电子 一条街。不过 得 砍价。

Jīn Héyǒng:　Kǎnjià tài máfan le, zánmen háishi qù diànqì shāngchǎng ba.
金　和永:　砍价 太 麻烦 了，咱们 还是去电器 商场　吧。

2. 在手机柜台。At the counter selling cell phones.

Mǎ Yì:　Wǒ xiǎng kànkan zhè kuǎn shǒujī.
马义:　我 想 看看 这 款 手机。

Yíngyèyuán:
营业员:　（把手机拿出来递给马义 The shop assistant took out the cell phone and
　　　　　Zhè shì gāng dào de zuì xīn chǎnpǐn.
passed it to Ma Yi）这 是 刚　到 的 最新 产品。

Mǎ Yì:　Dōu yǒu shénme gōngnéng?
马义:　都 有 什么　功能？

Yíngyèyuán:　Néng pāizhào、shàngwǎng, hái néng tīng yīnyuè.
营业员:　能　拍照、　上网，还 能　听 音乐。

Jīn Héyǒng:　Háishi jiǎndān yìdiǎnr ba, néng dǎ néng jiē jiù xíng le.
金　和永:　还是 简单 一点儿 吧，能　打 能 接就行了。

Yíngyèyuán:　Jiǎndān yìdiǎnr dehuà, wǒ jiànyì nín kànkan zhè kuǎn, jīngjì shíyòng,
营业员:　简单 一点儿的话，我 建议 您 看看　这 款，经济实用，
　　　　　zhìliàng yě búcuò.
　　　　　质量 也 不错。

Mǎ Yì:　Wǒ kàn xíng. Suīrán bù néng shàngwǎng, dànshì néng pāizhào.
马义:　我 看 行。虽然　不 能　上网，　但是 能　拍照。
Xiànzài de shǒujī bù néng pāizhào dehuà, jiù tài luòwǔ le.
现在 的 手机不 能　拍照　的话，就 太 落伍 了。

Jīn Héyǒng: Hǎo, jiù mǎi zhège.
金和永：好，就买这个。

## ● 叙述 Narrative

Zhōumò, Měilì de māma wǎng Měilì de sùshè dǎ diànhuà, kěshì diànhuà yìzhí méi rén jiē; Dǎ shǒujī ba, tīngdào de shì "Nín bōdǎ de yònghù yǐ guān jī". Māma jísǐ le, zhǐhǎo gěi Měilì de lǎoshī hé tóngxué dǎ diànhuà, zuìhòu zhōngyú zhǎodàole gēn Měilì zài yìqǐ de Měizǐ. Yuánlái Měilì zài wàidì lǚxíng, qián yì tiān wàngle chōngdiàn, shǒujī zìdòng guānjī le. Ai, zhēn shì xūjīng yì chǎng.

周末，美丽的妈妈往美丽的宿舍打电话，可是电话一直没人接；打手机吧，听到的是"您拨打的用户已关机"。妈妈急死了，只好给美丽的老师和同学打电话，最后终于找到了跟美丽在一起的美子。原来美丽在外地旅行，前一天忘了充电，手机自动关机了。唉，真是虚惊一场。

## ● 课堂互动 Class Activities

1. 角色扮演：看看我的手机。两位同学轮流询问关于对方手机的信息，包括牌子、型号、功能、价钱、在哪儿买的等，并给一个综合评价。

    Role-play: Take a look at my cell phone. Two students take turns to ask about the information of partner's cell phone, including brand, model, function, price, where it is bought, and give it a comprehensive evaluation.

2. 小组交流：手机的功与过。分小组讨论手机的好处与坏处，然后整理成若干条理由，并给出综合结论。最后每组派一个代表在班级发言。

## 第37课  我看看这款手机

Group work: The advantages and disadvantages of cell phone. Hold discussions in groups, talk about the advantages and disadvantages of cell phone. Organize your discussions into several points and make a comprehensive conclusion. Each group sends a representative to report in class.

### 生词 New Words

| # | 词 | 拼音 | 词性 | 释义 |
|---|----|------|------|------|
| 1 | 款 | kuǎn | （量） | style; kind; type |
| 2 | 只好 | zhǐhǎo | （副） | have to |
| 3 | 陪 | péi | （动） | accompany |
| 4 | 像 | xiàng | （动） | such as |
| 5 | 电器 | diànqì | （名） | electric home appliance |
| 6 | 商场 | shāngchǎng | （名） | market |
| 7 | 而且 | érqiě | （连） | and |
| 8 | 价钱 | jiàqián | （名） | price |
| 9 | 公道 | gōngdao | （形） | fair; reasonable; impartial |
| 10 | 电子 | diànzǐ | （名） | electron; electronic |
| 11 | 砍价 | kǎnjià | （动） | bargain; haggle |
| 12 | 经济 | jīngjì | （形） | economical; thrifty |
| 13 | 实用 | shíyòng | （形） | practical |
| 14 | 质量 | zhìliàng | （名） | quality |
| 15 | 功能 | gōngnéng | （名） | function |
| 16 | 拍照 | pāizhào | （动） | take (a picture) |
| 17 | 接 | jiē | （动） | answer (the phone call) |
| 18 | 选择 | xuǎnzé | （名） | choice; selection |
| 19 | 样子 | yàngzi | （名） | appearance; shape |
| 20 | 产品 | chǎnpǐn | （名） | product |
| 21 | 音乐 | yīnyuè | （名） | music |
| 22 | 简单 | jiǎndān | （形） | simple |
| 23 | 落伍 | luòwǔ | （动） | become outdated or old-fashioned |
| 24 | 拨打 | bōdǎ | （动） | dial |
| 25 | 用户 | yònghù | （名） | user; consumer |

| | | | | |
|---|---|---|---|---|
| 26. | 关 | guān | （动） | close; turn off |
| 27. | 终于 | zhōngyú | （副） | at last; in the end; finally |
| 28. | 外地 | wàidì | （名） | other place |
| 29. | 充电 | chōngdiàn | （动） | charge |
| 30. | 虚惊一场 | xūjīng yì chǎng | | false alarm |

## 专有名词 Proper Nouns

| | | | |
|---|---|---|---|
| 1. | 国美 | Guóměi | a store's name |
| 2. | 苏宁 | Sūníng | a store's name |

## 汉语.com Chinese.com

### Cǎilíng = Cǎisè de Língshēng?
### 彩铃 = 彩色的铃声？

Yǒurén kěnéng yào wèn: Língshēng hái yǒu cǎisè de ma? Wǒmen zhèlǐ
有人可能要问：铃声还有彩色的吗？我们这里
shuō de cǎilíng kě bú shì cǎisè de língshēng, érshì biérén gěi nǐ dǎ diànhuà shí,
说的彩铃可不是彩色的铃声，而是别人给你打电话时，
tīngdào de yīnyuè shēng huòzhě yǒu yìsi de huà. Cǎilíng shì shǒujī yùnyíngshāng
听到的音乐声或者有意思的话。彩铃是手机运营商
wèi yònghù tuīchū de yì zhǒng gèxìnghuà yèwù, shēn shòu dàzhòng、tèbié shì
为用户推出的一种个性化业务，深受大众、特别是
niánqīngrén de xǐ'ài. Yǒule cǎilíng, nǐ kěyǐ gēnjù xǐhào lái shèzhì língshēng,
年轻人的喜爱。有了彩铃，你可以根据喜好来设置铃声，
hái kěyǐ jīngcháng biànhuàn, cóng'ér gěi dǎ diànhuà de rén dàilái jīngxǐ.
还可以经常变换，从而给打电话的人带来惊喜。

## 第37课 我看看这款手机

### PRBT= Colorful Ringtone?

In the word 彩铃(cǎilíng, personalized Ring Back Tone, PRBT), the first character 彩(cǎi) means colorful, the second character 铃(líng) means ring. It seems that the word 彩铃 means colorful ringtone in Chinese. Of course it's not true. PRBT is the music or interesting sound the caller hear when making phone call. It is a personalized service provided by telecom service providers, is the general public, especially young people's favorite. If you get PRBT, you can set your own ring back tone based on your preference and often change it, thus bring surprise to the person who makes the phone call.

## 第 38 课 给我剪个时尚一点儿的
Dì-38 Kè Gěi Wǒ Jiǎn Ge Shíshàng Yìdiǎnr de

### 热身练习 Warming-up

听一听，选一选 Listen and choose the right pictures

1. A.  B.  C.  D.

2. A. ¥18  B. ¥38  C. ¥18  D. ¥38

3. A.  B.  C.  D.

4. A.  B.  C.  D.

5. A. Yes  B. NO    6. A. Yes  B. NO

# 第38课 给我剪个时尚一点儿的

7. A.  Yes  B.  NO   8. A.  Yes  B.  NO

## 听一听，说一说 Listen and speak

Nà shì yì jiā tǐng yǒumíng de měifàdiàn, búdàn huánjìng yōuměi, érqiě
那是一家挺有名的美发店，不但环境优美，而且
shuǐpíng hěn gāo, zǒng néng ràng kèrén mǎnyì.
水平很高，总能让客人满意。

Kànlái yào xiǎng piàoliang yìdiǎnr, bú shì fēi yào tàngfà bùkě a.
看来要想漂亮一点儿，不是非要烫发不可啊。

## 看一看，练一练 Read and practice

1. 不但…，而且… búdàn..., érqiě...

Nà jiā měifàdiàn búdàn huánjìng yōuměi, érqiě shuǐpíng hěn gāo.
那家美发店不但环境优美，而且水平很高。

Tā búdàn huì shuō Yīngyǔ, érqiě huì shuō Hànyǔ.
他 不但 会 说 英语，而且 会 说 汉语。

Dīng Lán búdàn gē chàng de hǎo, érqiě wǔ tiào de yě búcuò.
丁 兰 不但 歌 唱 得 好，而且 舞 跳 得 也 不错。

看图说话 Look and speak

（1）Zhè jiā fànguǎn de cài búdàn
这 家 饭馆 的菜 不但
hǎochī,
好吃，_____。

（2）Měizǐ búdàn zhǎng de piàoliang,
美子 不但 长 得 漂亮，
_____。

（3）Ní kě _____, érqiě
尼可 _____，而且
hái qùguo Shànghǎi hé Hángzhōu.
还 去过 上海 和 杭州。

（4）Wáng Lǎoshī
王 老师 _____，
_____。

## 2. 让 ràng

Zhèr de fúwù bǎozhèng ràng nǐ mǎnyì.
这儿的服务 保证 让 你 满意。

Māma ràng wǒ měi zhōu gěi tā dǎ yí gè diànhuà.
妈妈 让 我 每周 给她打一个电话。

Jiějie bú ràng wǒ chuān tā de yīfu.
姐姐不让 我 穿 她的衣服。

Dīng Lán zài bu zài jiā?
（1）A：丁 兰在不在家？

Bú zài.
B：不在。_____。

Lǐ Qiáng de fángjiān jīntiān zěnme zhème gānjìng?
（2）A：李强 的 房间 今天 怎么 这么 干净？

B：_____。

Nǐ hái bú shuìjiào ma?
（3）A：你还不 睡觉 吗？

B：_____。

Qù hē diǎnr kāfēi zěnmeyàng?
（4）A：去喝 点儿 咖啡 怎么样？

B：_____。

3. 非…不可 fēi...bùkě

Wǒ de tóufa fēi tàng bùkě ma?
我的头发非烫不可吗?

Yào xiǎng kuài diǎnr tígāo Hànyǔ shuǐpíng, fēi děi duō tīng duō shuō bùkě.
要想快点儿提高汉语水平，非得多听多说不可。

Zhège wèntí tài nán le, fēi děi wèn lǎoshī bùkě.
这个问题太难了，非得问老师不可。

4. 像…一样 xiàng...yíyàng

Fàngxīn ba, jiǎnwán bǎozhèng xiàng míngxīng yíyàng.
放心吧，剪完保证像明星一样。

Tā de tóufa duǎnduǎn de, xiàng nán háizi yíyàng.
她的头发短短的，像男孩子一样。

Guìlín shānshuǐ měi de xiàng huà yíyàng.
桂林山水美得像画（drawing; painting）一样。

## 情景会话 Situational Dialogues

1. 美子在美发店。Miko is in a hair salon.

Fúwùyuán: Huānyíng guānglín.
服务员：欢迎光临。

Měizǐ: Wǒ xiǎng jiǎn fà. Néng kànkan nǐmen de jiàmùbiǎo ma?
美子：我想剪发。能看看你们的价目表吗?

Fúwùyuán: Méi wèntí. Zhège yuè wǒmen yǒu huódòng, xǐ jiǎn chuī yígòng sānshíbā yuán.
服务员：没问题。这个月我们有活动，洗剪吹一共三十八元。

## 第38课 给我剪个时尚一点儿的

Měizǐ: Wǒ dì-yí cì lái, tīng péngyou shuō nǐmen zhèr jiǎn de búcuò.
美子：我第一次来，听朋友说你们这儿剪得不错。

Fúwùyuán: Wǒmen de shīfu dōu fēicháng yǒu jīngyàn, shuǐpíng hěn gāo.
服务员：我们的师傅都非常有经验，水平很高。

Měizǐ: Nà nǐ gěi wǒ tuījiàn yí wèi ba.
美子：那你给我推荐一位吧。

Fúwùyuán: Hǎo, qǐng gēn wǒ lái. Qǐng Xiǎo Lǐ shīfu bāng nǐ jiǎn ba,
服务员：好，请跟我来。请小李师傅帮你剪吧，
bǎozhèng ràng nǐ mǎnyì.
保证让你满意。

2. 理发师傅和美子交谈。A hair dresser is talking with Miko.

Shīfu: Nǐ xiǎng jiǎn shénme yàng de?
师傅：你想剪什么样的？

Měizǐ: Gěi wǒ jiǎn gè shíshàng yìdiǎnr de. Bú yào tài cháng.
美子：给我剪个时尚一点儿的。不要太长。

Shīfu: Hái yǒu shénme yāoqiú?
师傅：还有什么要求？

Měizǐ: Méiyǒu le. Biéde nǐ kànzhe bàn ba.
美子：没有了。别的你看着办吧。

Shīfu: Tàng yí xià zěnmeyàng? Nǐ de tóufa bú shì hěn duō, tàng yí xià
师傅：烫一下怎么样？你的头发不是很多，烫一下
xiàoguǒ kěnéng gèng hǎo.
效果可能更好。

Měizǐ: Fēi tàng bùkě ma? Wǒ bù xǐhuan tàng fà.
美子：非烫不可吗？我不喜欢烫发。

师傅：Bú tàng yě xíng. Nǐ kànkan zhè běn fàxíngshū, wǒ juéde zhège
不烫也行。你看看这本发型书，我觉得这个
fàxíng tǐng shìhé nǐ de.
发型挺适合你的。

美子：Hǎo, tīng nǐ de, nǐ kě yào gěi wǒ jiǎn de hǎokàn yìdiǎnr.
好，听你的，你可要给我剪得好看一点儿。

师傅：Fàngxīn ba, jiǎnwán bǎozhèng xiàng míngxīng yíyàng.
放心吧，剪完保证像明星一样。

## 叙述 Narrative

Zhè shì yì jiā tǐng yǒumíng de měifàdiàn, búdàn huánjìng yōuměi, érqiě
这是一家挺有名的美发店，不但环境优美，而且
shuǐpíng hěn gāo, jiàqián yě bú guì. Yǒu yōuhuì huódòng de shíhou, xǐ jiǎn
水平很高，价钱也不贵。有优惠活动的时候，洗剪
chuī yígòng cái sānshíbā yuán, rǎn fà ne, jiù bù hǎo shuō le. Nà děi kàn shì
吹一共才三十八元，染发呢，就不好说了。那得看是
cháng fà háishi duǎn fà、yòng guóchǎn yàoshuǐ háishi jìnkǒu yàoshuǐ. Zhè jiā
长发还是短发、用国产药水还是进口药水。这家
diàn gěi děngdài de kèrén zhǔnbèile yǐnliào、bàozhǐ hé zázhì, hái yǒu miǎnfèi
店给等待的客人准备了饮料、报纸和杂志，还有免费
de tóubù ànmó, tǐng shūfu de.
的头部按摩，挺舒服的。

## 课堂互动 Class Activities

1. 角色扮演：在美发店里。两人一组，一人扮演理发师，一人扮演顾客。对话内容可以包括谈论适合顾客的发型（比如长发还是短发）；是否适合烫发、染发；如果染发，什么颜色适合；需要多长时间；能不能打折等。

Role-play: In a hair salon. Work in pairs, one student takes the role of hairdresser; the other takes the role of customer. The dialogue may cover suitable hair style for the customer (for example, long hair or short hair); if the customer is suited to get his/her hair permed, colored, what color fits; how long it takes to do; any discount, and so on.

```
价 目 表

剪   发        28元
洗剪吹         38元

烫   发       180元
染   发       200元

护   理        60元

储值卡500元，享受8折
```

2. 小组交流：一次有趣的经历。向同学讲述你在中国美容、美发、按摩或足疗时一次印象深刻或有趣的经历。要说明那家店的服务态度、服务水平以及服务结束后你的感觉等。

Group work: An interesting experience. Tell your classmates an impressive or interesting experience you had in China's beauty salon, hair salon, massage room or foot salon. Introduce the service attitude, service level and what you feel after receiving the service, and so on.

## 生词 New Words

| | | | | |
|---|---|---|---|---|
| 1. | 剪 | jiǎn | （动） | cut (with scissors) |
| 2. | 时尚 | shíshàng | （形） | fashionable |
| 3. | 美发店 | měifàdiàn | （名） | hair saloon |
| 4. | 不但…而且… | búdàn…érqiě… | （连） | not only … but also… |
| 5. | 环境 | huánjìng | （名） | environment; surroundings |
| 6. | 水平 | shuǐpíng | （名） | level |
| 7. | 让 | ràng | （动） | let; make |

| | | | | |
|---|---|---|---|---|
| 8. | 客人 | kèrén | （名） | guest; patron; customer |
| 9. | 吹 | chuī | （动） | blow |
| 10. | 烫 | tàng | （动） | perm |
| 11. | 发型 | fàxíng | （名） | hair style |
| 12. | 看来 | kànlái | （连） | it seems; it appears |
| 13. | 光临 | guānglín | （动） | be present |
| 14. | 价目表 | jiàmùbiǎo | （名） | price list |
| 15. | 经验 | jīngyàn | （名） | experience |
| 16. | 保证 | bǎozhèng | （动） | guarantee |
| 17. | 要求 | yāoqiú | （名） | demand; request |
| 18. | 本 | běn | （量） | used for books of various kinds |
| 19. | 明星 | míngxīng | （名） | (movie, music, etc.) star |
| 20. | 染 | rǎn | （动） | dye |
| 21. | 国产 | guóchǎn | （形） | home-made; (esp.) made in China |
| 22. | 药水 | yàoshuǐ | （名） | liquid medicine |
| 23. | 进口 | jìnkǒu | （动） | import |
| 24. | 等待 | děngdài | （动） | wait for |
| 25. | 饮料 | yǐnliào | （名） | beverage |
| 26. | 报纸 | bàozhǐ | （名） | newspaper |
| 27. | 杂志 | zázhì | （名） | magazine |
| 28. | 免费 | miǎnfèi | （动） | free |
| 29. | 头部 | tóubù | （名） | head |
| 30. | 按摩 | ànmó | （动） | massage |

## 汉语.com Chinese.com

Wèishénme Yào Dǎ Wǒ de Tóu?
### 为什么 要 打我的 头？

Yǒu yí cì, Jīn Héyǒng qù Shànghǎi chūchāi. Nà tiān tā zhènghǎo yǒu
有一次，金 和永 去 上海 出差。那天 他 正好 有

# 第38课 给我剪个时尚一点儿的

kòng, jiù zǒu jìn yì jiā   lǐfàdiàn,   xiǎng bǎ tóufa jiǎnduǎn yìdiǎn. Diànli yí wèi lǎo shīfu
空，就 走 进 一家   理发店， 想  把 头发  剪短   一点。店里 一位 老师傅
duì tā shuō: "Xiān gěi  nǐ dǎda tóu ba." Jīn Héyǒng qíguài de wèn: "Wèishénme
对 他 说："先   给 你 打打 头 吧。" 金 和永   奇怪 地 问：   "为什么
yào dǎ wǒ de tóu?" "Lǐfà  yǐqián dōu yào dǎ tóu a."   Lǎo shīfu yìbiān shuō yìbiān
要 打 我的 头？" "理发 以前   都 要 打 头 啊。"老师傅 一边  说 一边
 zhǐle zhǐ xǐ tóu de dìfang. Jīn Héyǒng zhè cái míngbai, zài Shànghǎihuà li, "dǎ tóu"
指了  指 洗 头 的 地方。金 和永   这 才 明白， 在  上海话   里，"打头"
jiù shì  "xǐ tóu"  de yìsi.
就 是 "洗 头" 的 意思。

### Why Do You Want to Hit My Head?

   Once, Kim Hwa Young went to Shanghai for business trip. One day he happened to have free time, he walked into a hair salon and wanted to have his hair shorter. A master in the store said to him: *"Xiān gěinǐ  dǎda tóu ba."* Kim Hwa Young asked curiously: "Why do you want to hit my head?" "Everyone needs *dǎtóu* before a haircut. " The master pointed at the place washing hair as speaking. Kim Hwa Young didn't understand until then, that in Shanghai dialect, *"dǎ tóu "* means "wash hair".

# 第 39 课 祝你生日快乐！

Dì-39 Kè Zhù Nǐ Shēngrì Kuàilè!

## 热身练习 Warming-up

听一听，选一选 Listen and choose the right pictures

1. A.     B.     C.     D.

2. A.     B.     C.     D.

3. A. 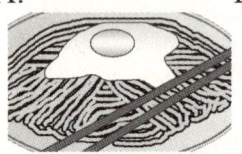    B.     C.     D.

4. A.     B.     C.     D.

5. A.  Yes    B.  NO    6. A.  Yes    B.  NO

# 第39课  祝你生日快乐！

7. A.  Yes   B.  NO   8. A.  Yes   B.  NO

## 听一听，说一说 Listen and speak

Zhēnyī dàochù zhǎo yě méi zhǎodào mài bàngqiú shǒutào de dìfang.
真一 到处 找 也 没 找到 卖 棒球 手套 的 地方。

Měizǐ gěi dàjiā zuòle shòusī, búguò hǎochī bù hǎochī, tā kě bù gǎn shuō.
美子 给 大家 做了 寿司，不过 好吃 不 好吃，她 可不 敢 说。

Dàjiā zǎo jiù tīngshuō Měizǐ huì zuò fàn, jīntiān zhōngyú kěyǐ dà bǎo
大家 早 就 听说 美子 会 做 饭，今天 终于 可以 大 饱

kǒufú le.
口福 了。

## 看一看，练一练 Read and practice

1. 到处 dàochù

   Zhēnyī dàochù zhǎo yě méi zhǎodào mài bàngqiú shǒutào de dìfang.
   真一 到处 找 也没 找到 卖 棒球 手套 的 地方。

Xīnnián de shíhou, shāngchǎng li dàochù dōu shì rén.
新年 的时候，商场 里到处 都是人。

Xià xuě le, dàochù dōu shì bái sè de, piàoliang jí le.
下 雪了，到处 都是白色的，漂亮 极了。

看图说话 Look and speak

（1） （2）

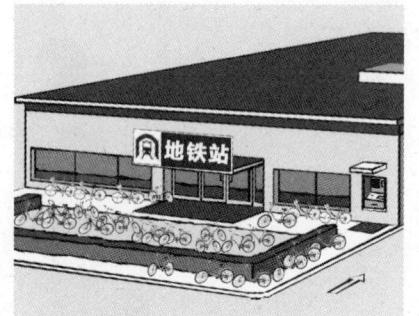

（3）  （4）

## 2. 敢 gǎn

（1）表示有把握作某判断。have the confidence to make judgement; be sure

Fàn zuò de hǎochī bù hǎochī wǒ kě bù gǎn shuō.
饭 做得好吃 不好吃 我可不 敢 说。

Míngtiān wǎnshang néng bu néng zuòwán, xiànzài wǒ bù gǎn bǎozhèng.
明天 晚上 能 不能 做完，现在 我不敢 保证。

Wǒ gǎn shuō zhè yí cì nǐ yídìng néng chénggōng.
我 敢 说 这一次你一定 能 成功（succeed）。

（2）表示有勇气做某事。be brave enough to do something; dare

# 第39课 祝你生日快乐！

Háizi xiǎo, bù gǎn yí gè rén shuìjiào.
孩子 小，不 敢 一个人 睡觉。

Nǐ zěnme gǎn yí gè rén qù nàme yuǎn de dìfang?
你 怎么 敢 一个人 去 那么 远 的 地方？

Nǐ gǎn bu gǎn cóng zhèr tiào xiàqù?
你 敢 不 敢 从 这儿 跳 下去？

1）A：Míngtiān wǒmen qí chē qù, zěnmeyàng?
明天 我们 骑车去，怎么样？

B：_____。

2）A：Nǐ qù bǎ zhè fēng xìn jiāogěi Lǐ shūshu.
你去把这封 信 交给 李叔叔。

B：_____。

3）A：Jīntiān qǐng nǐ chángchang wǒmen zhèr yǒumíng de báijiǔ.
今天 请 你 尝尝 我们 这儿 有名 的 白酒。

B：_____。

4）A：_____?

B：Tiān a. Nà zěnme xíng ne?
天 啊。那 怎么 行 呢？

3. 早就… zǎojiù...

Zǎo jiù tīngshuō Měizǐ huì zuò fàn, jīntiān zhōngyú kěyǐ dà bǎo kǒufú le.
早 就 听说 美子会做 饭, 今天 终于 可以大饱 口福了。

Zǎo jiù xiǎng lái kànkan nǐmen le, yìzhí méiyǒu shíjiān.
早 就 想 来 看看 你们 了, 一直 没有 时间。

Dàjiā yǐwéi tā hái méi jiéhūn ne, shéi zhīdào tā zǎo jiù shì háizi bàba le.
大家 以为 他还 没 结婚呢, 谁 知道 他早就是 孩子爸爸了。

## ● 情景会话 Situational Dialogues

1. 朋友们来到真一的家。The friends arrive at Shinichi's home.

Jīn Héyǒng: Zhēnyī, zhù nǐ shēngrì kuàilè.
金 和永: 真一, 祝你 生日 快乐。

Zhēnyī: Huānyíng、huānyíng, nǐmen lái de zhēn zhǔnshí a.
真一: 欢迎、 欢迎, 你们 来得真 准时 啊。

Wáng Měilì: Wǒmen dānxīn shíjiān láibují, dǎchē lái de.
王美丽: 我们 担心 时间来不及,打车来的。

Zhēnyī: Bié kèqi, suíbiàn zuò a.
真一: 别 客气, 随便 坐啊。

Jīn Héyǒng: Zhè shì wǒmen jǐ gè sòng nǐ de shēngrì lǐwù, kànkan xǐhuan bu xǐhuan?
金 和永: 这是我们 几个送 你的 生日礼物,看看 喜欢 不 喜欢?

Zhēnyī: Bàngqiú shǒutào! Tài hǎo le, wǒ dàochù zhǎo yě méi zhǎodào mài de dìfang. Shéi qù mǎi de?
真一: 棒球 手套! 太 好了, 我 到处找 也没 找到 卖的地方。 谁 去买的?

# 第39课 祝你生日快乐！

王美丽：还能有谁？当然是金和永了。

真一：太感谢了，吃饭的时候我一定要敬你一杯。

2. 大家聊天。Everybody is chatting.

美子：大家喝点儿茶吧。冰箱里还有饮料，随便拿。

王美丽：今天是你弟弟的生日，怎么你也打扮得这么漂亮？

美子：是吗？谢谢。一会儿请大家尝尝我做的寿司。

尼可：早就听说美子会做饭，今天终于可以大饱口福了。

美子：好吃不好吃我可不敢说，可是酒嘛，保证管够。

张家诚：什么酒？我最喜欢喝清酒了。

美子：清酒、啤酒、白酒，样样都有。

张家诚：那今天我们要一醉方休。

## ● 叙述 Narrative

真一的日记。 Shinichi's diary.

六月十日　　晴

这是一个特别的日子。不仅是因为第一次在远离家乡的国外过生日，还因为今天我二十岁了。在日本，每年都会为二十岁的人举行盛大的成人仪式。仪式以后，大家都会拥到酒馆，一醉方休。从此以后，就是大人了。

今天，房间里点着蜡烛，桌上放着蛋糕，大家为我唱着生日歌，庆祝我的二十岁生日。特别是朋友们送我的棒球手套，是我最喜欢的生日礼物。这时候，我只想说：有朋友，真好。

第39课　祝你生日快乐！

## 课堂互动 Class Activities

1. 小组交流：生日聚会。跟同学一起准备生日聚会。从下列物品中选出需要的东西，并说明理由，然后列出聚会的计划。

   Group work: Birthday party. Work together with your classmates for preparing the birthday party. Choose what you need from the following items, tell the reason and make a birthday party plan.

2. 班级交流：找朋友。每个同学将自己、家人或朋友的生日（最少写3个）分别写在一张纸片上，交给老师。老师找出年份、月份、日子相同的纸片（同年、同月、同日出生的更好），请提供相同生日信息的人组成小组，互相介绍这些人的情况，并询问有关过生日的情况，如一般在哪儿过生日，送什么礼物，常常说什么祝福的话等等。

Class work: Find friends. Each student needs to write the birthdays of oneself, family members or friends (at least 3) on a card or paper, then pass it to the teacher. The teacher finds the cards with the same year, same month or same date (it's much better if the year, month and date all are same). Ask the students providing similar birthday information to form a group. The students take turns to introduce the information of these persons and ask about their birthday information, for example, where they generally celebrate their birthdays, what gift delivered, what greeting words spoken, and so on.

## 生词 New Words

| | | | | |
|---|---|---|---|---|
| 1. | 快乐 | kuàilè | （形） | happy; joyful |
| 2. | 到处 | dàochù | （副） | everywhere |
| 3. | 棒球 | bàngqiú | （名） | baseball |
| 4. | 副 | fù | （量） | for sets of things |
| 5. | 寿司 | shòusī | （名） | Japanese Sushi |
| 6. | 敢 | gǎn | （动） | have the confidence to; be certain |
| 7. | 清酒 | qīngjiǔ | （名） | Japanese Saki |
| 8. | 样 | yàng | （量） | kind; type |
| 9. | 管够 | guǎngòu | （动） | guarantee enough food |
| 10. | 大饱口福 | dà bǎo kǒufú | | having the luck to enjoy the delicious dishes |
| 11. | 一醉方休 | yí zuì fāng xiū | | do not stop drinking until after drunk |
| 12. | 担心 | dānxīn | （动） | worry; feel anxious |

# 第39课 祝你生日快乐！

| | | | | |
|---|---|---|---|---|
| 13. | 随便 | suíbiàn | （形） | be free and easy; casual |
| 14. | 敬 | jìng | （动） | offer politely; serve food to a guest |
| 15. | 日子 | rìzi | （名） | day |
| 16. | 不仅 | bùjǐn | （连） | not only |
| 17. | 家乡 | jiāxiāng | （名） | hometown |
| 18. | 国外 | guówài | （名） | overseas |
| 19. | 过 | guò | （动） | spend |
| 20. | 举行 | jǔxíng | （动） | hold (a meeting, contest, etc.) |
| 21. | 盛大 | shèngdà | （形） | grand; majestic |
| 22. | 成人 | chéngrén | （名） | adult; grown-up |
| 23. | 仪式 | yíshì | （名） | ceremony |
| 24. | 拥 | yōng | （动） | crowd; throng; swarm |
| 25. | 酒馆 | jiǔguǎn | （名） | alehouse; bar; pub |
| 26. | 从此 | cóngcǐ | （副） | from now on |
| 27. | 大人 | dàren | （名） | adult; grown-up |
| 28. | 点 | diǎn | （动） | light; burn; kindle |
| 29. | 蜡烛 | làzhú | （名） | candle |
| 30. | 蛋糕 | dàngāo | （名） | cake |

# 汉语.com Chinese.com

### Shéi de Shēngrì Hèkǎ?
### 谁 的 生日 贺卡？

Zhù nǐ shēngrì kuàilè, xuéyè yǒu chéng!
祝 你 生日 快乐，学业 有 成！   I wish you a happy birthday and successful study!

Zhù nǐ cōngming kě'ài, jiànkāng kuàilè!
祝 你 聪明 可爱，健康 快乐！   I wish you a life filled with wisdom, love, good health and happiness!

Zhù nín fú rú dōnghǎi, shòu bǐ nánshān!
祝 您 福如东海， 寿 比 南山！   I wish you boundless happiness and a long, long life!

Zhù nǐ jiātíng xìngfú, yǒngyuǎn měilì!
祝 你 家庭 幸福， 永远 美丽！   I wish you a happy family and beauty all the time!

## 第 40 课 友谊地久天长
Dì-40 Kè Yǒuyì Dì Jiǔ Tiān Cháng

### 情景会话 Situational Dialogues

在真一的生日聚会上。At Shinichi's birthday party.

**美子 Měizǐ:** Wǒ lái shuō gè míyǔ, dàjiā cāicai shì shénme.
我来说个谜语，大家猜猜是什么。

**真一 Zhēnyī:** Cāiduìle yǒu jiǎngpǐn ma?
猜对了有奖品吗？

**美子 Měizǐ:** Yǒu. Jiǎng nǐ yì bēi jiǔ. Zhùyì tīng a: "Xiōngdì shuāngshuāng, gèzi xìcháng. Zhǐ ài chī cài, bú ài hē tāng." Cāi yí gè chī fàn yòng de dōngxi.
有。奖你一杯酒。注意听啊："兄弟双双，个子细长。只爱吃菜，不爱喝汤。"猜一个吃饭用的东西。

**真一 Zhēnyī:** Sháozi, duì bu duì?
勺子，对不对？

**王美丽 Wáng Měilì:** Shì bu shì chāzi?
是不是叉子？

**张家诚 Zhāng Jiāchéng:** Wǒ zhīdào le. Shì kuàizi.
我知道了。是筷子。

**美子 Měizǐ:** Háishi Zhāng Jiāchéng nǎozi zuì kuài. Duì le, shì kuàizi.
还是张家诚脑子最快。对了，是筷子。

**真一 Zhēnyī:** Wǒ juéde bú shì nǎozi kuài bu kuài de wèntí, shì tā de Hànyǔ hǎo.
我觉得不是脑子快不快的问题，是他的汉语好。

Zhāng Jiāchéng, kuài hē jiǔ ba.
张家诚，快喝酒吧。

## 叙述 Narrative

1. 猜猜他是谁？Guess who he is?

我的这个朋友，年纪不大。他高高的个子，黑黑的头发，笑起来一排白白的牙齿，很可爱。他爱打棒球，爱交朋友，玩儿起来想不起回家，睡下去却又不想起来，所以常常被姐姐骂。你知道他是谁了吗？

2. 真一的作文。Shinichi's composition.

### 朋友

俗话说，多个朋友多条路。朋友越多，互相帮助的人越多，生活就越幸福快乐。在中国，我结交了很多不同国家的朋友。平时大家一起上课，一起玩儿，互相学习，互相帮助，结下了很深的友谊。这些朋友都是我人生的财富。希望我们之间的友谊地久天长。

# 第40课  友谊地久天长

## 生词 New Words

| | | | | |
|---|---|---|---|---|
| 1. | 地久天长 | dì jiǔ tiān cháng | | enduring as the universe; everlasting and unchanging |
| 2. | 谜语 | míyǔ | （名） | riddle |
| 3. | 猜 | cāi | （动） | guess |
| 4. | 奖品 | jiǎngpǐn | （名） | prize; award |
| 5. | 奖 | jiǎng | （动） | reward; praise |
| 6. | 兄弟 | xiōngdì | （名） | brothers |
| 7. | 细长 | xìcháng | （形） | long and thin; tall and slender |
| 8. | 汤 | tāng | （名） | soup; broth |
| 9. | 勺子 | sháozi | （名） | spoon |
| 10. | 叉子 | chāzi | （名） | fork |
| 11. | 筷子 | kuàizi | （名） | chopsticks |
| 12. | 脑子 | nǎozi | （名） | brains; mind |
| 13. | 笑 | xiào | （动） | smile; laugh |
| 14. | 排 | pái | （量） | row; line |
| 15. | 牙齿 | yáchǐ | （名） | tooth |
| 16. | （结）交 | (jié) jiāo | （动） | associate with; be friend |
| 17. | 却 | què | （副） | but; yet |
| 18. | 骂 | mà | （动） | scold; abuse; curse |
| 19. | 互相 | hùxiāng | （副） | mutually; each other |
| 20. | 生活 | shēnghuó | （名） | life |
| 21. | 幸福 | xìngfú | （形） | happy; be blessed |
| 22. | 不同 | bùtóng | （形） | different |
| 23. | 平时 | píngshí | （名） | at ordinary times; in normal times |
| 24. | 结 | jié | （动） | forge; cement |
| 25. | 深 | shēn | （形） | close; intimate (of relations or feelings) |
| 26. | 人生 | rénshēng | （名） | life |
| 27. | 财富 | cáifù | （名） | wealth; riches |
| 28. | 之间 | zhījiān | （名） | among; between |

## 语法小结 Grammar Summary

### 1. 副词的分类 The Classes of Adverbs

副词主要用来修饰动词和形容词。常用的副词有：Adverbs are mainly used to modify verbs and adjectives. The common used adverbs are classified as follows:

(1) 时间副词。例如：刚、已经、早、正、才、就。Time adverbs. Such as *gāng, yǐjīng, zǎo, zhèng, cái* and *jiù*.

Wǒ gāng qǐchuáng.
我 刚 起床。

Mǎlì yǐjīng huíguó le.
玛丽 已经 回国 了。

Nǐ zěnme cái lái?
你 怎么 才 来?

(2) 程度副词。例如：很、太、挺、特别、更、最、比较。Degree adverbs. Such as *hěn, tài, tǐng, tèbié, gèng, zuì* and *bǐjiào*.

Nǐ mèimei tǐng cōngming de.
你 妹妹 挺 聪明 的。

Nàr de Xīhúcùyú tèbié hǎochī.
那儿的 西湖醋鱼 特别 好吃。

Zuótiān rè, jīntiān gèng rè.
昨天 热，今天 更 热。

(3) 范围副词。例如：都、一共、一起、只、到处。Range adverbs. Such as *dōu, yígòng, yìqǐ, zhǐ* and *dàochù*.

Jīntiān wǒmen zhǐ xuéle yí gè xiǎoshí.
今天 我们 只 学了 一个 小时。

Chūntiān lái le, dàochù dōu shì huā.
春天 来了，到处 都 是 花。

（4）频率副词。例如：又、再、还、也、常常、经常。Frequency adverbs. Such as *yòu, zài, hái, yě, chángcháng* and *jīngcháng*.

Wǒmen yòu jiànmiàn le.
我们 又 见面 了。

Tā hái bù zhīdào zhè jiàn shì.
他 还 不 知道 这 件 事。

Xiàkè yǐhòu tāmen jīngcháng qù yùndòng.
下课 以后 他们 经常 去 运动。

（5）否定副词。例如：不、没、别。Negative adverbs. Such as *bù, méi* and *bié*.

Wǒ bù xǐhuan zhège fàxíng.
我 不 喜欢 这个 发型。

Zuótiān tā méi shàngbān.
昨天 她 没 上班。

Bié shuì le, qǐchuáng ba.
别 睡 了，起床 吧。

## 2. 复句的类型 The Classes of Compound or Complex Sentences

由两个或两个以上意思上有联系的单句构成的句子叫复句。单句与单句之间可表示不同的语义关系，一般有停顿，可用逗号分开。A Compound or Complex Sentence is a sentence consisting of two or more related clauses. There are different semantic relations between clauses. Generally there is a pause between clauses which are separated by comma.

（1）并列复句 Coordinate Sentence

Wǒmen yìbiān chī fàn, yìbiān liáotiānr.
我们 一边 吃 饭，一边 聊天儿。

（2）承接复句 Successive Sentence

Wǒmen xiān qù mǎi dōngxi, ránhòu zài qù chī fàn.
我们 先 去 买 东西，然后 再 去 吃 饭。

（3）因果复句 Consequential Sentence

Yīnwèi Wáng Měilì hái méi lái, suǒyǐ wǒmen zhǐhǎo zài zhèr děng.
因为 王 美丽还 没来，所以 我们 只好 在这儿 等。

（4）选择复句 Alternative Sentence

Nǐmen zuò huǒchē háishi zuò fēijī?
你们 坐 火车 还是 坐 飞机？

（5）转折复句 Transitional Sentence

Suīrán huǒchē bǐjiào màn, dànshì piàojià piányi.
虽然 火车 比较 慢，但是 票价 便宜。

Zhè dōngxi hǎo shì hǎo, búguò guìle diǎnr.
这 东西 好 是 好，不过 贵了点儿。

Tā bù xǐhuan tī zúqiú, kěshì xǐhuan kàn zúqiú bǐsài.
他不 喜欢 踢足球，可是 喜欢 看 足球比赛。

（6）假设复句 Hypothetical Sentence

Rúguǒ nǐ míngtiān lái, wǒ jiù zàijiā děng nǐ.
如果 你 明天 来，我 就在家 等 你。

Yàoshi yǒu shénme wèntí, qǐng jíshí wèn wǒ.
要是 有 什么 问题，请 及时问 我。

Fāngbiàn dehuà, qǐng gěi wǒ huí diànhuà.
方便 的话，请 给我 回 电话。

（7）条件复句 Conditional Sentence

Zhǐyào yǒu shíjiān, tā jiù qù dǎ yǔmáoqiú.
只要 有 时间，他就去打 羽毛球。

Bùguǎn xià bu xiàyǔ, bǐsài dōu děi jìnxíng.
不管 下不下雨，比赛 都 得 进行。

Jìrán nǐ nàme xǐhuan, wǒ jiù sòng gěi nǐ ba.
既然你那么 喜欢，我 就送 给你吧。

（8）递进复句 Additional Sentence

Nàge fànguǎn de cài búdàn hǎochī, érqiě piányi.
那个 饭馆 的 菜 不但 好吃，而且 便宜。

（9）紧缩复句 Compact Sentence

Míngtiān wǒmen yì qǐchuáng jiù chūfā.
明天 我们 一 起床 就 出发。

Fēijī yuè fēi yuè yuǎn le.
飞机 越 飞 越 远 了。

## 3. 强调的方式 The Ways of Emphasis

用不同的语法手段来强化说话人的意图，构成强调句。常用的方法如下：Using different grammatical means to strengthen the speaker's intention constitutes the Emphatic Sentence. The common used methods are as follows:

（1）反问句 Rhetorical Question

Shéi shuō bù xiǎng qù a?
谁 说 不 想 去 啊？

Nǐ zhīdào shénme?
你 知道 什么？

Wǒ zěnme zhīdào?
我 怎么 知道？

Tā nǎr qùguo wǒ jiā?
他 哪儿 去过 我 家？

Zhème hǎo de dōngxi, nǎ néng bú yào ne?
这么 好 的 东西，哪 能 不要 呢？

Xiǎo Wáng bú shì yǐjīng gàosu nǐ le ma?
小 王 不是 已经 告诉 你 了 吗?

（2）连…都/也… lián...dōu/yě...

Lái Běijīng yí gè yuè le, wǒ lián Chángchéng dōu méi qùguo.
来 北京 一个 月 了，我 连 长城 都 没 去过。

Jīnglǐ hěn máng, lián Xīngqītiān yě bù néng xiūxi.
经理 很 忙， 连 星期天 也 不 能 休息。

（3）非…不可 fēi...bùkě

Qùnián de lǚyóu wǒ méi qù, hěn yíhàn. Jīnnián wǒ fēi qù bùkě.
去年 的 旅游 我 没去，很 遗憾。今年 我 非 去 不可。

Shíjiān láibují le, fēi dǎchē bùkě le.
时间 来不及了，非 打车 不可了。

（4）可、就 kě, jiù

Wǒ kě bù xǐhuan nàme zǎo qǐchuáng.
我 可不喜欢 那么 早 起床。

Shàng cì kǎoshì kě róngyi le.
上 次考试 可容易了。

Wǒ jiù zhù zài qiánbian de gāo lóu li.
我 就 住在 前边 的 高 楼里。

Wǒ wènle hǎo jǐ biàn, tā jiù bù shuō.
我 问了 好 几遍，她就不说。

（5）是 shì

Zhège cài shì tǐng hǎochī.
这个 菜 是 挺 好吃。

Jīnglǐ shì shuōguo zhèyàng de huà.
经理 是 说过 这样 的 话。

（6）"是…的"句 The Construction "shì...de"

Nǐ shì shénme shíhou lái Zhōngguó de?
你是 什么 时候 来 中国 的?

Nǐ shì zuò fēijī qù de ma?
你是 坐 飞机 去 的 吗?

Xiǎo Wáng shì gēn tā péngyou yìqǐ lái de.
小 王 是 跟 他 朋友 一起 来 的。

Zhè shì jiějie gěi wǒ mǎi de.
这 是 姐姐 给 我 买 的。

（7）双重否定 Double Negatives

Bú dào Chángchéng fēi hǎohàn.
不 到 长城 非 好汉。

Méiyǒu rén bù zhīdào tā de míngzi.
没有 人 不 知道 他 的 名字。

Xiǎo Wáng bú huì bù lái ba?
小 王 不 会 不 来 吧?

（8）…也/都＋不/没 ...yě/dōu＋bù/méi

Nàr shénme shū dōu yǒu.
那儿 什么 书 都 有。

Wǒ nǎr dōu méi qùguo.
我 哪儿 都 没 去过。

Zhè jiàn shì zěnme yě shuō bu qīngchu.
这 件 事 怎么 也 说 不 清楚。

# 附1 Appendix 1

## 词语索引 Vocabulary Index

**A**

| 1 | 哎 | āi | 34（26） |
| 2 | 按摩 | ànmó | 38（30） |

**B**

| 3 | 拜托 | bàituō | 34（7） |
| 4 | 办 | bàn | 31（25） |
| 5 | 办法 | bànfǎ | 36（14） |
| 6 | 帮助 | bāngzhù | 31（31） |
| 7 | 棒球 | bàngqiú | 39（3） |
| 8 | 包间 | bāojiān | 32（6） |
| 9 | 保证 | bǎozhèng | 38（16） |
| 10 | 报纸 | bàozhǐ | 38（26） |
| 11 | 被 | bèi | 36（22） |
| 12 | 本 | běn | 38（18） |
| 13 | 变化 | biànhuà | 32（23） |
| 14 | 便利 | biànlì | 33（27） |
| 15 | 并且 | bìngqiě | 35（18） |
| 16 | 拨打 | bōdǎ | 37（24） |
| 17 | 不但…而且… | búdàn…érqiě… | 38（4） |
| 18 | 不得了 | bù déliǎo | 35（29） |
| 19 | 不管 | bùguǎn | 35（19） |
| 20 | 不仅 | bùjǐn | 39（16） |
| 21 | 不同 | bùtóng | 40（22） |

**C**

| 22 | 猜 | cāi | 40（3） |
| 23 | 才 | cái | 34（23） |
| 24 | 财富 | cáifù | 40（27） |
| 25 | 菜系 | càixì | 32（27） |
| 26 | 叉子 | chāzi | 40（10） |
| 27 | 产品 | chǎnpǐn | 37（20） |
| 28 | （长）久 | (cháng)jiǔ | 32（21） |
| 29 | 成人 | chéngrén | 39（22） |
| 30 | 充电 | chōngdiàn | 37（29） |
| 31 | 出门 | chūmén | 36（3） |
| 32 | 除了 | chúle | 34（28） |
| 33 | 吹 | chuī | 38（9） |
| 34 | 从此 | cóngcǐ | 39（26） |
| 35 | 寸 | cùn | 34（17） |

**D**

| 36 | 打听 | dǎting | 33（7） |
| 37 | 大饱口福 | dà bǎo kǒufú | 39（10） |
| 38 | 大家 | dàjiā | 31（11） |
| 39 | 大人 | dàren | 39（27） |
| 40 | 担心 | dānxīn | 39（12） |
| 41 | 耽误 | dānwu | 36（11） |
| 42 | 蛋糕 | dàngāo | 39（30） |
| 43 | 当面 | dāngmiàn | 35（26） |
| 44 | 到处 | dàochù | 39（2） |
| 45 | 的话 | dehuà | 34（10） |
| 46 | 等待 | děngdài | 38（24） |
| 47 | 地点 | dìdiǎn | 35（17） |
| 48 | 地久天长 | dì jiǔ tiān cháng | 40（1） |
| 49 | 点 | diǎn | 39（28） |
| 50 | 店铺 | diànpù | 33（22） |
| 51 | 电器 | diànqì | 37（5） |
| 52 | 电子 | diànzǐ | 37（10） |
| 53 | 掉 | diào | 34（9） |
| 54 | 丢 | diū | 36（20） |

102

| | | | | | | | |
|---|---|---|---|---|---|---|---|
| 55 | 丢三落四 | diū sān là sì | 36（27） | 84 | 国外 | guówài | 39（18） |
| 56 | 读 | dú | 31（8） | 85 | 过 | guò | 39（19） |
| 57 | 短信 | duǎnxìn | 35（16） | | | **H** | |
| | | **E** | | 86 | 孩子 | háizi | 31（26） |
| 58 | 而 | ér | 32（12） | 87 | 好处 | hǎochu | 32（14） |
| 59 | 而且 | érqiě | 37（7） | 88 | 好像 | hǎoxiàng | 33（19） |
| | | **F** | | 89 | 互相 | hùxiāng | 40（19） |
| 60 | 发现 | fāxiàn | 36（4） | 90 | 华裔 | huáyì | 31（15） |
| 61 | 发型 | fàxíng | 38（11） | 91 | 坏 | huài | 33（2） |
| 62 | 饭店 | fàndiàn | 32（5） | 92 | 环境 | huánjìng | 38（5） |
| 63 | 非 | fēi | 36（16） | 93 | 活动 | huódòng | 34（19） |
| 64 | 肥 | féi | 32（11） | | | **J** | |
| 65 | 服装 | fúzhuāng | 33（9） | 94 | 急忙 | jímáng | 33（13） |
| 66 | 副 | fù | 39（4） | 95 | 及时 | jíshí | 32（24） |
| 67 | 复印 | fùyìn | 33（24） | 96 | 记得 | jìde | 35（23） |
| | | **G** | | 97 | 既然 | jìrán | 31（13） |
| 68 | 干洗 | gānxǐ | 34（6） | 98 | 家乡 | jiāxiāng | 39（17） |
| 69 | 敢 | gǎn | 39（6） | 99 | 价目表 | jiàmùbiǎo | 38（14） |
| 70 | 赶紧 | gǎnjǐn | 36（7） | 100 | 价钱 | jiàqián | 37（8） |
| 71 | 赶上 | gǎnshang | 33（30） | 101 | 剪 | jiǎn | 38（1） |
| 72 | 刚才 | gāngcái | 35（21） | 102 | 简单 | jiǎndān | 37（22） |
| 73 | 刚刚 | gānggāng | 34（22） | 103 | 减肥 | jiǎnféi | 32（8） |
| 74 | 各种各样 | gè zhǒng gè yàng 33（21） | | 104 | 见面 | jiànmiàn | 31（10） |
| 75 | 公道 | gōngdao | 37（9） | 105 | 奖 | jiǎng | 40（5） |
| 76 | 功能 | gōngnéng | 37（15） | 106 | 奖品 | jiǎngpǐn | 40（4） |
| 77 | 怪不得 | guàibude | 33（11） | 107 | 胶卷 | jiāojuǎn | 34（30） |
| 78 | 关 | guān | 37（26） | 108 | 教育 | jiàoyù | 31（24） |
| 79 | 关于 | guānyú | 35（6） | 109 | 接 | jiē | 37（17） |
| 80 | 管够 | guǎngòu | 39（9） | 110 | 结 | jié | 40（24） |
| 81 | 光临 | guānglín | 38（13） | 111 | 结果 | jiéguǒ | 36（15） |
| 82 | 国产 | guóchǎn | 38（21） | 112 | （结）交 | (jié)jiāo | 40（16） |
| 83 | 国际 | guójì | 31（1） | 113 | 解释 | jiěshì | 36（12） |
| | | | | 114 | 尽量 | jǐnliàng | 34（1） |

| | | | | | |
|---|---|---|---|---|---|
| 115 进口 | jìnkǒu | 38（23） | 146 留学 | liúxué | 31（7） |
| 116 经济 | jīngjì | 37（12） | 147 乱 | luàn | 35（22） |
| 117 精神 | jīngshen | 36（18） | 148 落伍 | luòwǔ | 37（23） |
| 118 经验 | jīngyàn | 38（15） | **M** | | |
| 119 敬 | jìng | 39（14） | 149 马大哈 | mǎdàhā | 36（13） |
| 120 酒馆 | jiǔguǎn | 39（25） | 150 马上 | mǎshàng | 35（1） |
| 121 旧 | jiù | 33（15） | 151 骂 | mà | 40（18） |
| 122 举例 | jǔlì | 36（29） | 152 满意 | mǎnyì | 32（19） |
| 123 举行 | jǔxíng | 39（20） | 153 贸易 | màoyì | 31（2） |
| **K** | | | 154 美发店 | měifàdiàn | 38（3） |
| 124 开始 | kāishǐ | 33（12） | 155 美容 | měiróng | 32（13） |
| 125 砍价 | kǎnjià | 37（11） | 156 谜语 | míyǔ | 40（2） |
| 126 看来 | kànlái | 38（12） | 157 免费 | miǎnfèi | 38（28） |
| 127 看上 | kànshang | 33（10） | 158 民俗 | mínsú | 35（12） |
| 128 拷 | kǎo | 34（16） | 159 明星 | míngxīng | 38（19） |
| 129 考察 | kǎochá | 31（3） | 160 磨蹭 | móceng | 36（2） |
| 130 可能 | kěnéng | 34（11） | **N** | | |
| 131 客人 | kèrén | 38（8） | 161 难过 | nánguò | 36（24） |
| 132 快乐 | kuàilè | 39（1） | 162 脑子 | nǎozi | 40（12） |
| 133 筷子 | kuàizi | 40（11） | **P** | | |
| 134 款 | kuǎn | 37（1） | 163 怕 | pà | 32（9） |
| **L** | | | 164 拍照 | pāizhào | 37（16） |
| 135 拉链 | lāliàn | 33（1） | 165 排 | pái | 40（14） |
| 136 蜡烛 | làzhú | 39（29） | 166 派 | pài | 31（17） |
| 137 来不及 | láibují | 36（1） | 167 陪 | péi | 37（3） |
| 138 离开 | líkāi | 33（16） | 168 碰（上） | pèng(shang) | 34（3） |
| 139 理发 | lǐfà | 33（26） | 169 篇 | piān | 35（5） |
| 140 里面 | lǐmian | 32（15） | 170 品尝 | pǐncháng | 32（18） |
| 141 连…都… | lián…dōu… | 35（8） | 171 平时 | píngshí | 40（23） |
| 142 联系 | liánxì | 35（2） | **Q** | | |
| 143 量 | liàng | 32（16） | 172 起 | qǐ | 31（19） |
| 144 了解 | liǎojiě | 34（32） | 173 钱包 | qiánbāo | 36（9） |
| 145 留 | liú | 32（22） | 174 巧 | qiǎo | 31（16） |

| | | | | | | |
|---|---|---|---|---|---|---|
| 175 | 清淡 | qīngdàn | 32（29） | 206 | 熟悉 | shúxī | 32（3） |
| 176 | 清酒 | qīngjiǔ | 39（7） | 207 | 属于 | shǔyú | 32（26） |
| 177 | 情况 | qíngkuàng | 32（2） | 208 | 数码 | shùmǎ | 34（31） |
| 178 | 请教 | qǐngjiào | 35（15） | 209 | 水平 | shuǐpíng | 38（6） |
| 179 | 却 | què | 40（17） | 210 | 丝绸 | sīchóu | 34（24） |

**R**

211 四合院 sìhéyuàn 35（4）

| | | | |
|---|---|---|---|
| 180 | 染 | rǎn | 38（20） |
| 181 | 让 | ràng | 38（7） |
| 182 | 人生 | rénshēng | 40（26） |
| 183 | 日子 | rìzi | 39（15） |

212 俗话 súhuà 33（14）
213 虽然… suīrán… 32（17）
　　但是… dànshì…
214 随便 suíbiàn 39（13）
215 孙女 sūnnǚ 31（21）
216 所以 suǒyǐ 36（6）

**S**

**T**

| | | | |
|---|---|---|---|
| 184 | 洒 | sǎ | 34（5） |
| 185 | 商场 | shāngchǎng | 37（6） |
| 186 | 商业 | shāngyè | 33（20） |
| 187 | 上班 | shàngbān | 31（30） |
| 188 | 上面 | shàngmian | 33（3） |
| 189 | 勺子 | sháozi | 40（9） |
| 190 | 深 | shēn | 40（25） |
| 191 | 神奇 | shénqí | 36（30） |
| 192 | 生活 | shēnghuó | 40（20） |
| 193 | 声音 | shēngyīn | 35（20） |
| 194 | 盛大 | shèngdà | 39（21） |
| 195 | 时尚 | shíshàng | 38（2） |
| 196 | 实习 | shíxí | 35（28） |
| 197 | 实用 | shíyòng | 37（13） |
| 198 | 实在 | shízài | 34（8） |
| 199 | 市场 | shìchǎng | 31（4） |
| 200 | 适合 | shìhé | 33（8） |
| 201 | 事情 | shìqing | 35（3） |
| 202 | 手机 | shǒujī | 36（19） |
| 203 | 受 | shòu | 32（20） |
| 204 | 寿司 | shòusī | 39（5） |
| 205 | 叔叔 | shūshu | 35（14） |

217 汤 tāng 40（8）
218 烫 tàng 38（10）
219 提 tí 31（14）
220 通知 tōngzhī 32（25）
221 偷 tōu 36（23）
222 头部 tóubù 38（29）
223 突然 tūrán 35（25）
224 推荐 tuījiàn 32（7）

**W**

225 外地 wàidì 37（28）
226 外面 wàimian 33（18）
227 往往 wǎngwǎng 34（27）
228 唯一 wéiyī 31（20）
229 文章 wénzhāng 35（7）
230 屋（子） wū(zi) 36（8）

**X**

231 洗 xǐ 34（2）
232 洗印 xǐyìn 33（23）
233 细长 xìcháng 40（7）
234 相信 xiāngxìn 36（28）

| | | | | | | |
|---|---|---|---|---|---|---|
| 235 相机 | xiàngjī | 36（5） | | 265 引见 | yǐnjiàn | 35（24） |
| 236 向 | xiàng | 35（27） | | 266 饮料 | yǐnliào | 38（25） |
| 237 像 | xiàng | 37（4） | | 267 印儿 | yìnr | 34（12） |
| 238 笑 | xiào | 40（13） | | 268 影响 | yǐngxiǎng | 34（13） |
| 239 效果 | xiàoguǒ | 34（21） | | 269 拥 | yōng | 39（24） |
| 240 兴隆 | xīnglóng | 33（29） | | 270 用户 | yònghù | 37（25） |
| 241 幸福 | xìngfú | 40（21） | | 271 优惠 | yōuhuì | 34（18） |
| 242 性格 | xìnggé | 36（26） | | 272（油）腻 | yóunì | 32（10） |
| 243 兄弟 | xiōngdi | 40（6） | | 273 幼儿 | yòu'ér | 31（23） |
| 244 修（理） | xiū(lǐ) | 33（4） | | 274 幼儿园 | yòu'éryuán | 31（27） |
| 245 虚惊一场 | xūjīng yì chǎng | 37（30） | | 275 预订 | yùdìng | 32（4） |
| 246 选择 | xuǎnzé | 37（18） | | 276 缘（分） | yuán(fèn) | 31（9） |
| 247 学生证 | xuéshēngzhèng | 36（10） | | 277 原来 | yuánlái | 33（17） |
| 248 血型 | xuèxíng | 36（25） | | 278 越…越… | yuè…yuè… | 31（22） |
| **Y** | | | | **Z** | | |
| 249 呀 | ya | 36（17） | | 279 杂志 | zázhì | 38（27） |
| 250 牙齿 | yáchǐ | 40（15） | | 280 招牌 | zhāopai | 32（1） |
| 251 研究 | yánjiū | 35（11） | | 281 着急 | zháojí | 34（25） |
| 252 样 | yàng | 39（8） | | 282 正在 | zhèngzài | 31（29） |
| 253 样式 | yàngshì | 34（4） | | 283 之间 | zhījiān | 40（28） |
| 254 样子 | yàngzi | 37（19） | | 284 之一 | zhī yī | 32（28） |
| 255 要求 | yāoqiú | 38（17） | | 285 只好 | zhǐhǎo | 37（2） |
| 256 药水 | yàoshuǐ | 38（22） | | 286 只要 | zhǐyào | 34（14） |
| 257 一…就… | yī…jiù… | 31（6） | | 287 质量 | zhìliàng | 37（14） |
| 258 一定 | yídìng | 35（30） | | 288 中学 | zhōngxué | 31（5） |
| 259 一醉方休 | yí zuì fāng xiū | 39（11） | | 289 终于 | zhōngyú | 37（27） |
| 260 仪式 | yíshì | 39（23） | | 290 重要 | zhòngyào | 33（5） |
| 261 以上 | yǐshàng | 34（20） | | 291 专家 | zhuānjiā | 35（13） |
| 262 以外 | yǐwài | 34（29） | | 292 准备 | zhǔnbèi | 35（10） |
| 263 音像 | yīnxiàng | 33（25） | | 293 资料 | zīliào | 35（9） |
| 264 音乐 | yīnyuè | 37（21） | | 294 仔细 | zǐxì | 34（15） |
| | | | | 295 自我 | zìwǒ | 31（18） |
| | | | | 296 总 | zǒng | 31（28） |

| | | | | | | |
|---|---|---|---|---|---|---|
| 297 | 总是 | zǒngshì | 33（28） | 300 做东 | zuòdōng | 31（12） |
| 298 | 走神 | zǒushén | 36（21） | 301 座位 | zuòwèi | 33（31） |
| 299 | 最后 | zuìhòu | 33（6） | | | |

## 专有名词 *Proper Nouns*

| | | | | | | | |
|---|---|---|---|---|---|---|---|
| 1 | 巴黎 | Bālí | 33（2） | 7 | 王府井 | Wángfǔjǐng | 32（3） |
| 2 | 东坡肉 | Dōngpōròu | 32（1） | 8 | 西湖醋鱼 | Xīhúcùyú | 32（5） |
| 3 | 国美 | Guóměi | 37（1） | 9 | 新加坡 | Xīnjiāpō | 31（2） |
| 4 | 老鸭煲 | Lǎoyābāo | 32（2） | 10 | 张家诚 | Zhāng Jiāchéng | 31（1） |
| 5 | 史努比 | Shǐnǔbǐ | 33（1） | 11 | 浙江 | Zhèjiāng | 32（4） |
| 6 | 苏宁 | Sūníng | 37（2） | | | | |

\*最右列一栏中，数字为生词的课号，括号里的数字为生词在当课的序号。 In the most right column, the number indicates the lesson number of the new word, and the number in the parentheses serves as the serial number for new words in that lesson.

# 附2 Appendix 2

## 语法点索引 Grammar Index

**第31课**    Lesson 31

1. 一…就… *yī... jiù...* ............................................................................... 2
2. 既然…就… *jìrán...jiù...* ....................................................................... 3
3. 一直 *yìzhí* ............................................................................................ 4
4. 动作的进行 An action in progress ........................................................ 4

**第32课**    Lesson 32

1. V.+得了/不了 V.+*de liǎo/bu liǎo* ....................................................... 12
2. 虽然…但是/可是… *suīrán...dànshì/kěshì...* ....................................... 14
3. 特别是… *tèbié shì...* ......................................................................... 15

**第33课**    Lesson 33

1. 不是…吗？ *búshì...ma?* ................................................................... 22
2. …就…吧 *...jiù...ba* ............................................................................ 24
3. 怪不得…，原来… *guàibude..., yuánlái...* ........................................ 25
4. 用"哪"、"哪儿"、"谁"、"什么"、"怎么"表示反义疑问 *"nǎ"*, *"nǎr"*, *"shéi"*, *"shénme"* and *"zěnme"* can be used for rhetorical questions ............. 25

**第34课**    Lesson 34

1. 只要…就… *zhǐyào...jiù...* .................................................................. 32
2. 好不容易（好容易）≈很不容易 *hǎobù róngyi (hǎoróngyi)* ≈ *hěnbù róngyi* ............................................................................................... 33
3. "…起来"表示"开始…" *"...qǐlai"* sometimes indicates "start to" ... 34
4. 除了…以外 *chúle...yǐwài* .................................................................. 34

**第35课**    Lesson 35

1. 连…都/也 *lián...dōu/yě* ..................................................................... 43
2. 不管…都… *bùguǎn...dōu...* ............................................................... 44
3. 关于 *guānyú* ....................................................................................... 45

## 附2　Appendix 2

| 第36课 | Lesson 36 | |
|---|---|---|
| | 1. "被"字句 *"bèi"* Construction | 53 |
| | 2. 因为…，所以… *yīnwèi…, suǒyǐ…* | 55 |
| | 3. 来不及/来得及 *láibují / láidejí* | 56 |

| 第37课 | Lesson 37 | |
|---|---|---|
| | 1. 只好 *zhǐhǎo* | 63 |
| | 2. 不过 *búguò* | 65 |
| | 3. 还是…吧 *háishi…ba* | 65 |

| 第38课 | Lesson 38 | |
|---|---|---|
| | 1. 不但…，而且… *búdàn…, érqiě…* | 73 |
| | 2. 让 *ràng* | 75 |
| | 3. 非…不可 *fēi…bùkě* | 76 |
| | 4. 像…一样 *xiàng…yíyàng* | 76 |

| 第39课 | Lesson 39 | |
|---|---|---|
| | 1. 到处 *dàochù* | 83 |
| | 2. 敢 *gǎn* | 84 |
| | 3. 早就… *zǎojiù…* | 86 |

| 第40课 | Lesson 40 | |
|---|---|---|
| | 1. 副词的分类 The Classes of Adverbs | 96 |
| | 2. 复句的类型 The Classes of Compound or Complex Sentences | 97 |
| | 3. 强调的方式 The Ways of Emphasis | 99 |

# 附3 Appendix 3

## "听一听，选一选"录音文本及答案* Scripts and Key Answers for Part "Listen and choose the right pictures"

### 第31课

　　美子的班里来了一位新同学，他叫张家诚，家在新加坡，是一家国际贸易公司的经理。公司给了他三个月的时间，一边学习汉语，一边考察中国的市场。美子的好朋友叫王美丽，中学一毕业就去新加坡留学了，以后一直在那儿读大学。美子介绍他们认识了。两个人挺有缘，一见面就聊得很高兴。美子对美丽说："哪天有空儿，大家一起吃个饭吧。"张家诚高兴地说："好，我做东。既然已经认识了，以后我们就是朋友了。"

1. 张家诚在新加坡做什么工作？（C）
2. 张家诚现在做什么？（A）
3. 王美丽什么时候去新加坡留学的？（C）
4. 王美丽现在在哪儿？（B）
5. 张家诚是刚来的学生。（A）
6. 张家诚和王美丽在新加坡的时候就认识了。（B）
7. 在新加坡，王美丽读了中学。（B）
8. 张家诚说今天大家认识了，以后就是朋友了。（A）

### 第32课

　　美子班里来了一个新同学，叫张家诚。张家诚想请大家一起吃饭，但他刚来，对这儿的情况不熟悉。美子帮他打电话预订了一个饭店的包间。

　　晚上6点，大家来到了一家杭州菜饭店。服务员拿来了菜单，给大家推荐了两个招牌菜，一个是东坡肉，一个是老鸭煲。王美丽正在减肥，她很怕油腻的东西。服务员告诉她，东坡肉肥而不腻，对美容有好处。老鸭煲里面有一只大鸭子，量比较大，王美丽怕吃不了。服务员说："虽然量比较大，但是你们人多，吃得了。"

---

*"听一听，说一说"听力文本同"听一听，选一选"。教师可根据短文让学生回答问题或复述。

品尝完地道的杭州菜，大家都很满意，特别是那儿的东坡肉，最受大家欢迎。

1. 美子帮张家诚给哪儿打电话？（D）
2. 今天他们要去做什么？（C）
3. 服务员给他们推荐了什么菜？（B）
4. 老鸭煲里面有菜也有很多汤。下面哪个菜可能是：（A）
5. 王美丽正在减肥，她不吃油腻的东西。（A）
6. 东坡肉很肥，也很腻。（B）
7. 菜很多，但是他们能吃完。（A）
8. 品尝完今天的菜，大家最喜欢的是东坡肉。（A）

第33课

安娜有一个漂亮的书包，黄色的，上面有一个可爱的史努比。去上课的时候，她用书包装书、装词典，每天都带着。这几天，书包上的拉链坏了。她问王美丽哪儿可以修拉链。王美丽说："坏了就坏了吧，买个新的不就行了吗？"可是，她哪儿知道，那个书包是安娜的男朋友送给她的，对安娜非常重要，安娜怎么能不要了呢？最后安娜打听到，学校东门外边有一个修鞋店，可以修理拉链。安娜要去那儿看看。

1. 安娜的书包可能是哪一个？（A）
2. 安娜的书包里常常装什么？（C）
3. 安娜的书包出什么问题了？（B）
4. 包坏了，安娜打算怎么办？（D）
5. 王美丽觉得包坏了没有关系，买个新的就行了。（A）
6. 安娜的书包是她爸爸送给她的。（B）
7. 安娜很喜欢这个书包。（A）
8. 学校西门外边有一个修鞋店，安娜要去看看。（B）

第34课

王美丽好不容易碰上一条颜色、样式都喜欢的裙子，刚穿了一天，就洒上咖啡了。在干洗店里，王美丽拜托营业员帮帮忙。营业员说，他尽量帮她洗。要是实在洗不掉的话，可能会留一点儿印儿，不过影响不大，只要不仔细看，就看不出来。天气热起来了，干洗衣服的人比较少。营业员请王美丽拿好单子，后天下午就可以过来取。

1. 王美丽的裙子怎么了？（B）
2. 她去哪儿洗裙子？（B）
3. 现在干洗衣服的人为什么少？（D）
4. 如果今天是6月5号，王美丽的衣服什么时候可以取？（C）
5. 王美丽去服装店，常常能碰上颜色、样式都喜欢的裙子。（B）
6. 洗衣店的营业员说王美丽的裙子洗不了。（B）
7. 这个印儿没关系，不仔细看，就看不出来。（A）
8. 天气开始热了。（A）

第35课

尼可给李强打电话，想请他帮个忙。事情是这样的：尼可对北京的四合院很感兴趣，想写一篇关于四合院的文章，可是到现在连写文章的资料都没准备好。李强的爸爸有一个姓韩的朋友，是研究民俗的专家。李强给韩叔叔打电话，想带尼可过去请教一下。正好韩叔叔最近不太忙，这个周末就有时间。李强给尼可发了短信，说了见面的时间和地点。并且告诉他，不管谁先到，都在那儿等着，不见不散。

1. 尼可想请李强帮忙，他怎么跟李强联系？（C）
2. 尼可想研究什么？（B）
3. 李强帮助尼可做什么？（A）
4. 韩叔叔跟谁是朋友？（D）
5. 尼可现在没有准备好写文章的资料，当然没有办法写文章。（A）
6. 韩叔叔是研究民俗的专家。（A）
7. 韩叔叔最近很忙，没有时间。（B）
8. 尼可先到见面的地方，尼可等李强；李强先到见面的地方，李强等尼可。（A）

第36课

美子和美丽要去看京剧，美子正在学校门口等美丽。因为时间快来不及了，美子有点儿着急。王美丽为什么这么磨蹭呢？原来美丽出了门才发现没带相机，所以赶紧回去取。进屋以后，拿起相机就往外边走，书包又忘在房间里了。钱包、学生证，还有护照都在书包里呢，没有书包怎么行？这样她就耽误了一些时间。听完美丽的解释，美子笑了，对王美丽这样的马大哈，能有什么办法呢？

1. 美子等美丽的时候在做什么？（A）
2. 王美丽第一次回房间做什么？（B）
3. 王美丽又出来以后，她的书包在哪儿？（D）
4. 书包里面有什么？（A）
5. 美子等美丽的时候，时间还很多。（B）
6. 拿相机的时候，美丽把书包放在房间里，走的时候就忘了。（A）
7. 书包里有钱包和学生证，出去玩儿的话，没有它们不行。（A）
8. 对王美丽这样性格的女孩，美子没有办法。（A）

## 第37课

　　金和永的手机丢了，没有手机很不方便。他想买一个新的，可是不知道去哪儿买好。所以他只好给马义打电话，请马义陪他去买一个。在大城市里，有很多可以买手机的地方。一是像国美、苏宁这样的电器商场，款式多，而且价钱公道；二是去电子一条街，价钱可能便宜一点儿，不过得砍价。金和永觉得还是去电器商场比较好。在商场，营业员给他们推荐了一款经济实用、质量也不错的手机，功能不太多，不能上网，但能拍照。金和永觉得手机嘛，能打能接就行了，所以就买了这款。

1. 金和永的手机丢了以后，他打算怎么办？（D）
2. 去哪儿买手机，价钱可能更便宜？（C）
3. 营业员给金和永推荐的手机，除了接电话和打电话以外，还能：（D）
4. 金和永买的手机，价钱可能是：（B）
5. 金和永觉得没有手机也可以。（B）
6. 电器商场和电子一条街都可以买手机，金和永选择去电子一条街。（B）
7. 营业员给金和永推荐的手机价钱便宜，质量也不错。（A）
8. 金和永喜欢功能很多的手机。（B）

第38课

　　美子想剪头发，朋友给她推荐了一家美发店。那是一家挺有名的美发店，不但环境优美，而且水平很高，总能让客人满意。这个月他们有优惠活动，洗剪吹一共38元。美子想剪一个时尚点儿的短发。师傅建议她烫一下，这样效果可能更好。美子不喜欢烫发。师傅就给她看了发型书，然后给她推荐了一个发型，挺适合她。看来要想打扮得漂亮一点儿，不是非烫不可啊。

1. 美子去了什么地方？（A）
2. 现在美发店里有什么活动？（B）
3. 美子可能喜欢什么样的发型？（C）
4. 师傅给美子推荐的发型，美子觉得怎么样？（A）
5. 那家美发店环境优美，水平也很高。（A）
6. 美发店的服务，有的客人满意，有的客人不满意。（B）
7. 美子不喜欢烫发。（A）
8. 想打扮得漂亮一点儿，不烫不行。（B）

第39课

　　今天是真一20岁的生日。晚上，朋友们来到真一的家，一起庆祝他的生日。真一到处找也没找到卖棒球手套的地方，今天正好朋友们送了他一副，真一非常高兴。姐姐美子做了日本寿司，她告诉大家，好吃不好吃，她可不敢说，但是啤酒、清酒、白酒样样都有，保证管够。大家早就听说美子会做饭，今天终于可以大饱口福了。真一要和朋友们一醉方休。

1. 真一的家今天可能有什么？（A）
2. 朋友们送给真一的礼物是什么？（B）
3. 美子做了什么饭？（B）
4. 美子准备了什么酒？（C）
5. 在中国，真一去了很多商店，都没买到棒球手套。（A）
6. 美子不能保证自己做的饭好吃。（A）
7. 美子准备了很多酒，大家想喝多少都没问题。（A）
8. 很早以前大家就吃过美子做的饭。（B）

图书在版编目(CIP)数据

汉语十日通（汉英版）·4.冲刺篇/杨惠元主编. —北京：商务印书馆，2010
（商务馆实用汉语短期系列教材）
ISBN 978-7-100-06721-8

I.汉… II.杨… III.汉语—对外汉语教学—教材 IV. H195.4

中国版本图书馆CIP数据核字（2008）第124382号

所有权利保留。
未经许可，不得以任何方式使用。

HÀNYǓ SHÍ RÌ TŌNG（HÀN-YĪNG BǍN）
汉语十日通（汉英版）
4.冲刺篇
杨惠元 主编

商 务 印 书 馆 出 版
（北京王府井大街36号 邮政编码100710）
商 务 印 书 馆 发 行
北京民族印务有限责任公司印刷
ISBN 978-7-100-06721-8

2010年1月第1版　　　　开本 889×1194 1/16
2010年1月北京第1次印刷　　印张 8
定价：40.00元